御朱印でめぐる高野山

三訂版

高野山おめぐりMAP

東西6㎞、南北3㎞の盆地を高野山という

高野山は和歌山県北部に位置し、周囲を標高1000mの峰々に囲まれた山上の盆地です。初めての高野山なら、二大聖地の壇上伽藍と奥之院、そして金剛峯寺にはゆっくり時間をかけたいもの。見どころを時間の無駄なくめぐりたいなら事前の準備は欠かせません。出発前に高野山宿坊協会ホームページや和歌山県のアンテナショップなどで情報を集めましょう。現地でも高野山駅、宿坊協会中央案内所に行けば各種の地図が無料で入手でき、お得な割引券など、高野山めぐりに役立つ情報がいっぱい揃っています。おめぐりの最初に訪ねれば、旅が充実すること間違いなしです。

Pickup!

高野山駅

2階建ての駅舎。2階には高野山や沿線を紹介するパネル展示のコーナーがある。ハイキングマップも用意

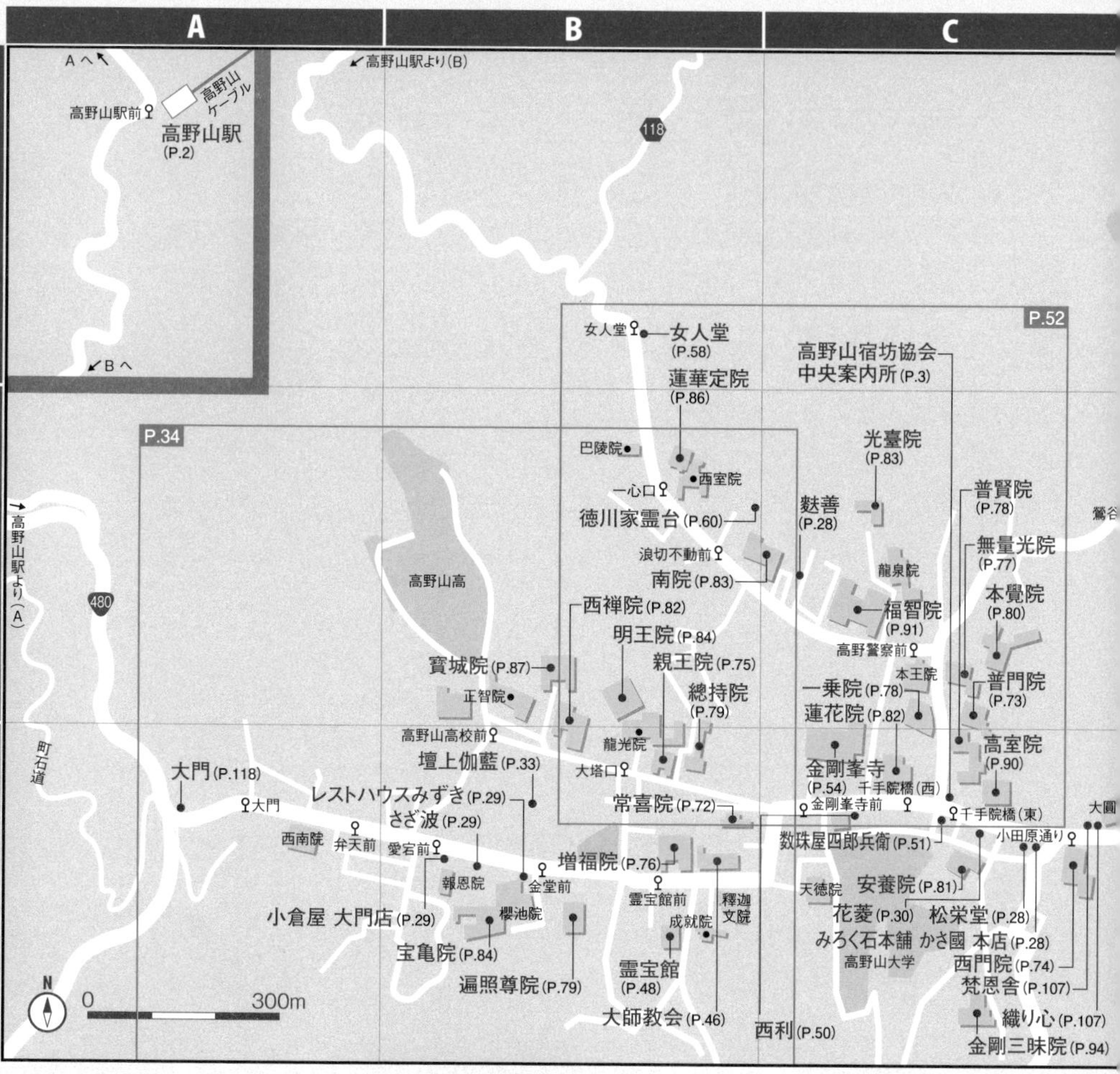

ここでも

アンテナショップ

有楽町駅前にある東京交通会館B1にあるわかやま紀州館には高野山に関する情報やパンフレットが揃っている。和歌山県の特産品も販売。

700円分も割引になるよ！

お得な

共通内拝券

高野山宿坊協会の各案内所で購入できる「共通内拝券（2500円）」は、1枚で金剛峯寺・大師教会での授戒・根本大塔・金堂・徳川家霊台の5ヵ所を割引料金で拝観できます。

Pickup!

宿坊協会中央案内所

宿坊の紹介をはじめ、観光マップ、イベントや阿字観などの体験に関する情報を案内。8時30分（冬期9時）～17時

目次 ～もくじ～

高野山の歩き方

壇上伽藍や奥之院を拝観して、修行体験や宿坊滞在、
さらにグルメやショッピングも楽しみたい。
そんな欲張りを満たすモデルプランをご紹介します。
アウトドア派には1200年続く参詣路「町石道歩き」もおすすめ。

1dayプラン
二大聖地を中心に見どころしっかり

1日で高野山をめぐるなら壇上伽藍と金剛峯寺、奥之院をゆっくり拝観できるコースを組みましょう。まず、訪ねたいのは高野山宿坊協会中央案内所です。山内の宿坊を紹介してくれるだけでなく、さまざまなイベント案内、地図、レンタサイクルの用意もあります。奥之院を訪ねる大きな目的が戦国武将の墓碑参拝なら、案内所で「高野山奥の院の墓碑をたずねて」（1部100円）という地図を購入してはいかがですか？　墓碑や句碑・歌碑などの詳細な位置が把握でき、墓碑を探す時間が短縮できます。

**壇上伽藍は
弘法大師が開山の際、
最初に着手した聖地**

スケジュール

なんば駅9:00発
特急こうや5号
極楽橋駅10:28着・10:35発
高野山ケーブル
高野山駅10:40着・10:46発
山内バス約10分
千手院橋バス停10:56着
徒歩約1分
高野山宿坊協会中央案内所
徒歩約5分
壇上伽藍11:15着(伽藍拝観1時間)

食事
徒歩
金剛峯寺13:05着(拝観40分)
徒歩約1分
千手院橋バス停13:54発
バス約4分
奥の院口バス停13:58着
徒歩約2分
奥之院一の橋—(弘法大師御廟まで往復と拝観)

奥の院前バス停15:42発
バス約19分
高野山駅

☆時刻は令和6年4月現在の土曜・休日時刻です。平日の時刻は異なります。
☆東京駅6:00発「のぞみ1号博多行」に乗車すれば、なんば駅9:00発特急こうや5号に接続できます。

**宿坊協会には
観光に役立つ
情報がいっぱい**

「高野山奥の院の墓碑をたずねて」(100円)

**堂々とした構えの
金剛峯寺本坊は
江戸時代末期の再建**

　案内所が建つ千手院橋は高野山の中心街といえるところ。食事処やみやげ物店が並んでいます。壇上伽藍を拝観したら、周辺で食事と休憩。せっかくなら、精進料理をはじめ高野山らしい味を楽しみましょう。

　奥之院は杉の大木が空を覆うように茂っています。暗くなるのも早く、冬期なら14時頃には散策をスタートしたいものです。

1泊2日プラン

聖地をめぐり、瞑想・写経など体験たっぷり

壇上伽藍や金剛峯寺、奥之院を拝観するだけでなく、高野山ならではの修行を体験するプランです。体験するのは阿字観、写経、御授戒の3つ。

1日目に体験するのは阿字観という呼吸・瞑想法です。会場は金剛峯寺蟠龍庭のなかに建つ阿字観道場。一般には非公開の場です。体験では僧侶の指導のもと、ゆったりとした時間が流れます。金剛峯寺内別殿販売所で受付、7月から11月の金・土・日・月曜日、1日4回実施で各回定員は先着20名。予約不可なので早めに申し込みましょう。参加

費1000円。
　翌日は大師教会で写経と御授戒を体験します。写経は般若心経を写します。受付は随時で用紙代100円がかかります。写経の奉納には用紙代と合わせて1000円をお供えします。御授戒は9時から1時間ごとに16時まで、定員は各回200名。10分前には受付を済ませる必要があります。参加費500円。日常では体験できない心静かなひとときを過ごしましょう。

御朱印は
壇上伽藍と奥之院では御供所で。
金剛峯寺では拝観受付で

参道の両脇に
杉の大木が茂る奥之院では
御廟や英霊殿などを参拝

修行のあとは
ストレスすっきり
心がのびのび

スケジュール

1日目

なんば駅10:00発
特急こうや7号
極楽橋駅11:26着・11:37発
高野山ケーブル
高野山駅着11:42着・11:48発
山内バス約10分
千手院橋バス停11:58着
徒歩約1分
高野山宿坊協会中央案内所

食事

壇上伽藍13:00着(伽藍拝観1時間)
徒歩約6分
金剛峯寺14:10着
(拝観と阿字観/15:30〜16:30)

徒歩で宿坊へ17:00チェックイン

2日目

宿坊8:50発
徒歩
大師教会
(写経と御授戒/9:00〜11:00)
徒歩約3分
霊宝館11:10着(見学1時間)

食事

千手院橋バス停13:13発
バス約3分
苅萱堂13:16着(拝観15分)
徒歩約10分
一の橋13:41着

奥之院(弘法大師御廟まで往復と拝観)

奥の院前バス停15:23発
バス約6分
千手院橋バス停15:29着

休憩やショッピング

高野山駅

☆時刻は令和6年4月現在の土曜・休日時刻です。
平日の時刻は異なります。
☆東京駅6:51発「のぞみ7号博多行」に乗車すれば、
なんば駅10:00発特急こうや7号に接続できます。

2泊3日プラン

ふたつの宿坊を楽しみ、見て体験して高野山制覇！

2泊すれば見どころも体験も高野山がとことん楽しめます。宿泊は壇上伽藍周辺と一の橋周辺のふたつの異なる宿坊。雰囲気も精進料理も宿坊によって違います。どの宿坊にするか迷ったら、宿坊協会に相談してみましょう。相談する時には「立地、宿泊料の予算、寺院らしい雰囲気の宿坊か、ホテル・旅館並みの設備と雰囲気が整った宿坊か、食事の内容など、希望を伝えてください」と宿坊協会。予約も行ってくれます。

このプランは時間がたっぷりあるので高野山の総

高さ約25mの大門は二階二層門。両脇には金剛力士像が立つ

スケジュール

1日目

なんば駅10:00発

特急こうや7号

極楽橋駅11:26着・11:37発

高野山ケーブル

高野山駅11:42着・11:48発

山内バス約10分

千手院橋バス停11:58着

徒歩約1分

高野山宿坊協会中央案内所

食事

千手院橋バス停12:56発

バス約6分

大門13:02着（見学10分）

徒歩約5分

壇上伽藍13:15頃着（見学1時間）周辺散策と休憩

徒歩約3分

大師教会15:00着（写経と御授戒で1時間半）

徒歩

千手院橋周辺の宿坊へ

17:00チェックイン

2日目

宿坊9:00発

徒歩

金剛峯寺（阿字観／9:30〜10:30と拝観）

徒歩約5分

霊宝館11:20着（見学1時間）

千手院橋周辺で食事

金剛三昧院13:40着（多宝塔拝観）

徒歩約7分

千手院橋バス停14:20発

バス約4分

女人堂14:24着（拝観15分）

徒歩約5分

徳川家霊台14:45着（拝観10分）

徒歩約1分

浪切不動（拝観10分）

徒歩約10分

15:10頃千手院橋バス停

散策と休憩

苅萱堂15:40分着（拝観15分）

一の橋周辺の宿坊へ

16:00頃チェックイン

ふたつの宿坊、
それぞれの違いも
楽しみのひとつ

門である大門から、壇上伽藍や金剛峯寺、奥之院を歩いて参拝、さらに女人堂や徳川家霊台も訪ねます。途中、おみやげ物の店をのぞいたり、名物を食べたり、おしゃれなカフェでひと休みしたりと寄り道も自由です。3日目は体力があれば女人堂から始まる約7㎞の女人道ハイキングをプラスしてもいいでしょう。

3日目

宿坊9:30発

徒歩

一の橋

奥之院（ゆっくり弘法大師御廟まで往復と拝観）

奥の院前バス停11:50発

バス約6分

千手院橋バス停11:56着

休憩やショッピング

高野山駅

☆1日目・2日目は土曜・休日時刻、3日目は平日の時刻です。令和6年4月現在の時刻です。

世界文化遺産 高《こう》野《や》山《さん》町《ちょう》石《いし》道《みち》

弘法大師が開き千年を超える祈りの道を歩く

町石は五輪塔型の道しるべ

高野山町石道《ちょういしみち》は麓の慈尊院と壇上伽藍を結ぶ表参道です。高野山開創と同時期に弘法大師によって開かれました。大師は一町（約１０９ｍ）ごとに卒塔婆を胎蔵界曼荼羅の１８０の仏像になぞらえて建立したと伝わります。

鎌倉時代になり、卒塔婆が朽ちると、武士や貴族はその代わりに石造の五輪卒塔婆を寄進。これが現在もほぼ完全な形で残る町石で、壇上伽藍の根本大塔を起点に慈尊院まで１８０基が建てられています。町石は仏を表す五輪塔型。かつて巡礼者は町石に手を合わせながら登ったといいます。

大師が開き、１２００年間続く高野山町石道を歩いてみましょう。

ちょっと寄り道

道の駅「柿の郷くどやま」

慈尊院の近くに道の駅があります。町石道には自動販売機も食事の店もありませんから、ここで飲み物やランチを用意してはいかがでしょう。カフェ「パーシモン」では地元名産の柿を練り込んだ名物の柿パンを販売。ほのかな甘味のデニッシュです。

住所／和歌山県伊都郡九度山町入郷5－5　営業／9時～18時30分、年末年始休

「乳がん平癒御守」（600円）

良縁、子授け、安産、病気平癒などを願う「乳房型絵馬」

START! 慈《じ》尊《そん》院《いん》

仏に守られた山道を登る

まずは慈尊院に参拝です。「町石道を歩きます」と告げると「町石道は仏に守られている道とも言えます。歩き終えたあとには清々しい達成感を感じるはずです。何か、祈願達成を念じて歩くのもいいですね」と住職。

次に丹生官省符神社に参拝です。宮司にお話を聞きました。「境内から高野山の頂上が見えるんです。女人禁制の時代には女性はここから拝んだものです」。

慈尊院から町石道は始まります。柿園のなかを通り、少し急な登りもある舗装路を行けばやがて展望台です。ゆったりと流れる紀ノ川と果樹園ののびやかな景色が広がります。町石道はよく整備され、分岐点にはしっかりした道標もあるので迷う心配はまずありません。

丹《に》生《う》官《かん》省《しょう》符《ぶ》神《じん》社《じゃ》

左）狩場明神と空海の出会いの大絵馬

1町（約109m）おきに180基並ぶ「高野山町石」が道しるべ

六本杉

丹生都比売神社への
分岐点

二ツ鳥居

丹生明神と高野明神の
ふたつの鳥居

丹《に》生《う》都《つ》比《ひ》売《め》神《じん》社《じゃ》

みちびき犬みくじ
（500円）

急登の連続を経て大門に至る

六本杉では、このまま町石道を歩き、古峠を経て二ツ鳥居に続く道と丹生都比売神社へいたる道とに分かれます。古峠からは南海高野山線上古沢駅に出られるルートがあるので、一気に大門まで歩くのはきついと思ったら、駅に向かい、電車を利用しましょう。

丹生都比売神社へは、ひたすら道を下ります。参拝を終え、八町坂と呼ばれる急坂を登りきると弘法大師建立と伝わる二ツ鳥居が迎えてくれます。

笠木峠までは急坂もなく、快適な歩行が楽しめます。途中、ゴルフ場を右に見ながら進むと矢立に到着。この先には登りの連続が待っていますから、ここでしっかり休憩を取ることをおすすめします。

山道の最後は急斜面に設けられた石段を上がるきつい登りです。息が切れ、やっと石段頂上に出ると目の前には堂々とした大門が！　この感動は達成感とともにいつまでも忘れられない大事な思い出になるはずです。

目の前に
大門……!

矢《や》立《だて》茶《ちゃ》屋《や》

甘いやきもちとお茶でひと息

大門

GOAL!

一《いっ》町《ちょう》石《いし》

町石道ルート

九度山駅
◀ 1.5km・徒歩約23分
慈尊院
◀ 0.1km・徒歩約2分
丹生官省符神社
◀ 1.6km・徒歩約35分
展望台
◀ 1.3km・徒歩約25分
雨引山分岐
◀ 1.8km・徒歩約35分
六本杉
◀ 1.3km・徒歩約20分
丹生都比売神社
◀ 1.4km・徒歩約25分
二ツ鳥居
◀ 0.8km・徒歩約15分
神田応其池
◀ 2.9km・徒歩約50分
笠木峠
◀ 2.7km・徒歩約45分
矢立茶屋
◀ 0.6km・徒歩約10分
袈裟掛石
◀ 5.2km・徒歩約1時間40分
大門
◀ 0.7km・徒歩約10分
壇上伽藍

歩行距離　約22km　コースタイム　約7時間
☆コースタイムはあくまでも目安です。拝観・休憩時間は含まれていません。
☆コースは山道です。ハイキングに適した靴と装備で歩きましょう。
☆季節によってはクマが出没することもあります。クマ除けの鈴などを持参してください。

町石道の御朱印

【慈《じ》尊《そん》院《いん》】

弘仁7（816）年、弘法大師が高野山を開く際、表玄関として創建。その後、大師の母は高野山を訪ねますが、当時は大師の母でも、修行場・高野山の女人禁制は絶対。そこで大師は慈尊院に母を迎え、月に9度、母を訪ねて町石道を往復。これが九度山の名の由来です。御朱印は「大師の母にちなむ寺なので柔らかな書体にしています」。

住所／和歌山県伊都郡九度山町慈尊院832
交通／南海高野線九度山駅より徒歩約23分
拝観／自由　拝観料／無料

①弘法大師御母公奉拝＋女人高野
②弥勒佛　③梵字ユの弥勒菩薩を表す印
④慈尊院　⑤女人高野万年山慈尊院

【丹《に》生《う》官《かん》省《しょう》符《ぶ》神《じん》社《じゃ》】

慈尊院開創の際、その鎮守として弘法大師が丹生都比売と高野御子《たかのみこ》を祀ったのが最初と伝わります。高野御子の神様は猟師に姿を変え、大師の前に出現。連れていた白と黒の2匹の犬を放ち、大師を高野山に導いたとされます。天文10（1541）年再建の本殿は檜皮葺の屋根に極彩色が映える春日造、国の重要文化財に指定されています。

住所／和歌山県伊都郡九度山町慈尊院835
交通／南海高野線九度山駅より徒歩約23分
拝観／自由　拝観料／無料

①弘法大師創建　奉拝　②丹生神社
③丹生官省符神社
④官省符＋高野山石道登山口

【丹《に》生《う》都《つ》比《ひ》売《め》神《じん》社《じゃ》】

高野山麓に鎮まる、創建以来1700年以上の歴史を刻む古社。古来魔除けとされた丹（水銀朱）を司る女神・丹生都比売大神を祀ります。かつて紀伊山地北西部一帯を神領とし、高野山を弘法大師に授けて、その守護神となりました。高野詣では、先ず丹生都比売神社へ参拝するのが習わしです。室町期造営の丹塗りの本殿と楼門は国の重要文化財、神域全体が世界遺産に登録されています。

住所／和歌山県伊都郡かつらぎ町上天野230
交通／ＪＲ笠田駅よりバス約30分
拝観／自由　拝観料／無料

①紀伊國一之宮
②丹生都比売神社
③丹生都比売神社

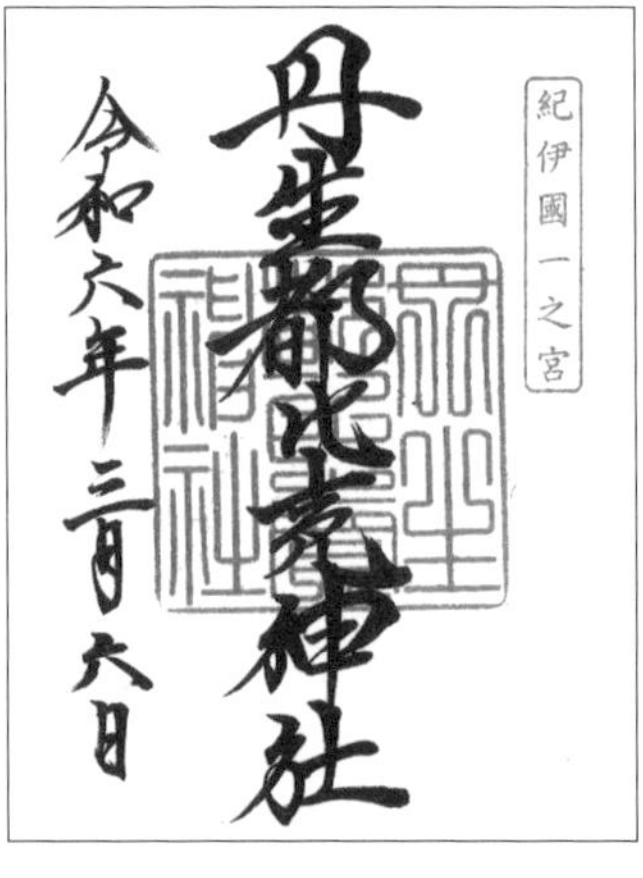

高《こう》野《や》七《なな》口《くち》と女《にょ》人《にん》道《みち》

不動坂口女人堂

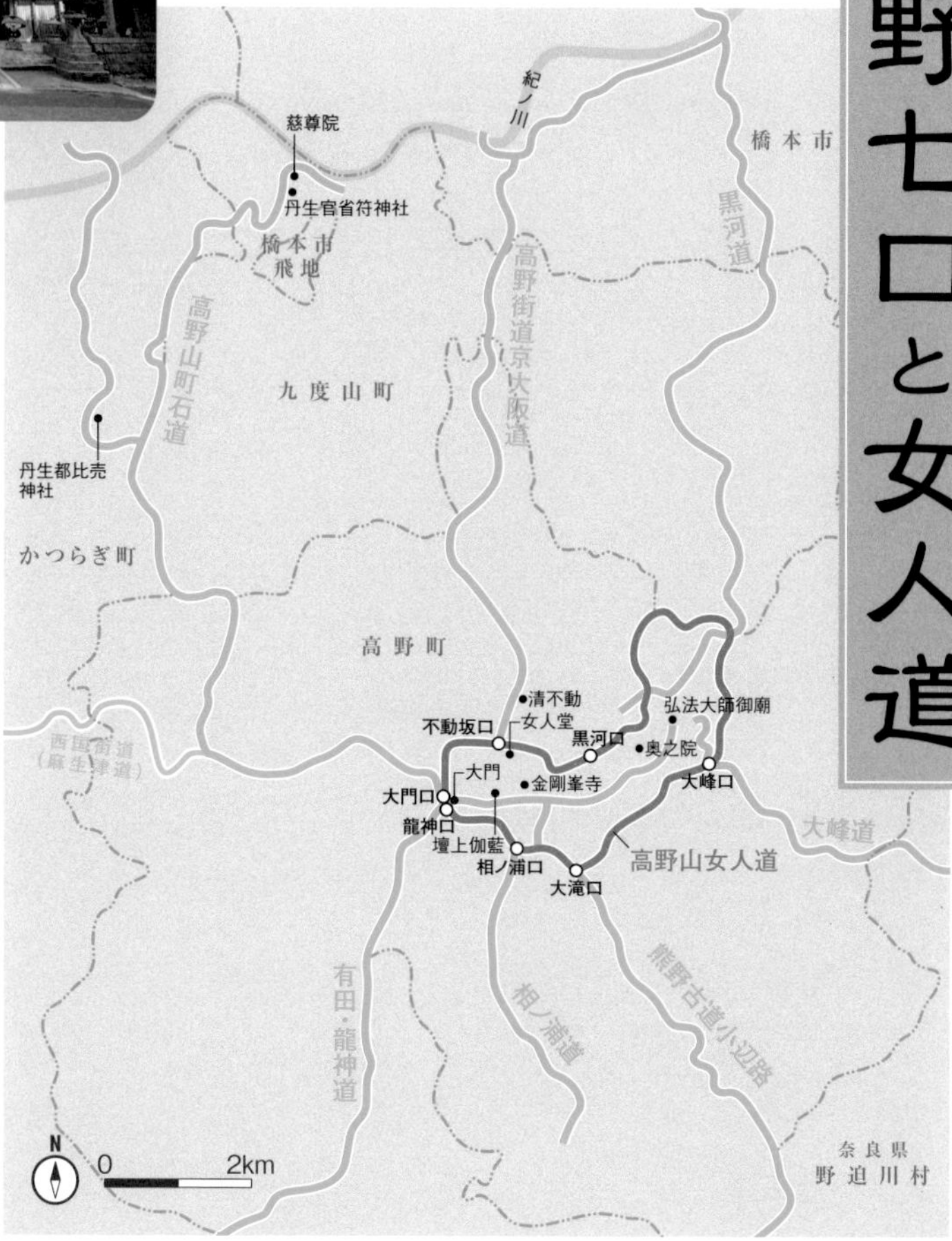

高野七口をめぐる女人道を歩く

平安時代中期になると貴族や庶民の間で大師信仰が盛んになり、高野山への参詣が頻繁に行われました。

山内に入る参道は7つ、これを俗に「高野七口」と言います。七口のメインルートが前ページで紹介した町石道です。そのほか、高野山と熊野本宮を結ぶ熊野古道小辺路、吉野金剛峯寺とを結び修験者が多く利用した大峰道、豊臣秀吉が亡母の三回忌で通った伝説が残る黒河道、京都・大阪を結び、江戸時代に最もにぎわった京大阪道、四国からの参拝者が利用した有田・龍神道などがあります。

これら7つの参道から高野山に入る各入口には女人堂が設けられていました。高野山は女人禁制だったため、女性はこの女人堂に参籠したのです。そして女性たちは、少しでも御廟に近づきたいと女人堂から女人堂へと峰を歩き、木の間から見える壇上伽藍や奥之院を参拝していたのでした。この道を「女人道」と呼びます。

現存する女人堂は不動坂口に設けられた女人堂だけですが、女人堂跡をつなぐ女人道がハイキングコースとして整備されています。全長約11km、所要約3時間のコースです。道沿いには道標もありますが、山道なのでハイキング用の装備で歩きましょう。

森林セラピー

杉の鼓動が
聞こえる

気持ちよ〜く
お昼寝タイム

樹齢数百年という杉やヒノキが茂る高野山の森林は濃い緑と澄んだ空気にあふれ、ストレスを解消し新たなパワーをもらえるヒーリングゾーンです。そこで高野「めざめ」の森づくり実行委員会では「高野山森林セラピー」を実施しています。いくつかプログラムがあるなか、気軽に参加できるのが奥之院参道から奥之院裏森林エリアを散策する「体験ツアー」です。ツアーでは瞑想をベースにした「森呼吸」やハンモックでお昼寝といった時間が楽しめます。また「山歩きツアー」では町石道を歩くツアーを実施。歩きながら森呼吸も体験できます。森林セラピーは団体での参加の場合、5月から10月のおもに土・日曜・祝日に実施。費用は昼食・保険料込で4000円〜。個人参加者用のツアーは概要が異なります。詳細は高野山金剛峯寺のホームページで確認できます。

問い合わせ

高野山寺領森林組合
電話／0736-56-2828

総本山金剛峯寺（山林部）
電話／0736-56-2016（直）
www.koyasan.or.jp/experience/

高野山の御朱印めぐり

高野山では壇上伽藍、金剛峯寺、奥之院のほか
宿坊などで御朱印が頂けます
マナーを守って御朱印めぐりをしましょう

頑張れば歩いて全部めぐれるかも
バスや自転車も利用したい

高野山の御朱印について

お大師様を表す印が頂けます

御朱印はお経を書き写して、寺院に納めた際、その証に頂くものでした。御朱印を納経印とも言うのはこのためです。しかし、今では御朱印は納経しなくても参詣の証に頂けます。とはいえ、スタンプではありません。僧侶、寺院の職員が墨書し、印を押してくれます。御朱印には日付、本尊名、梵字などが入ります。高野山の御朱印には「遍照金剛」と書かれているものがあります。「遍照」は慈悲の光が遍く照らすこと、「金剛」は金剛石（ダイヤモンド）のようにその光は永遠であることを意味し、遍照金剛とは弘法大師を指しています。宿坊のなかには、宿泊しなくても本尊に参拝でき、御朱印が頂けるところもあります。宿坊を訪ねるときには、宿泊客の対応で忙しい朝夕の時刻は避けましょう。

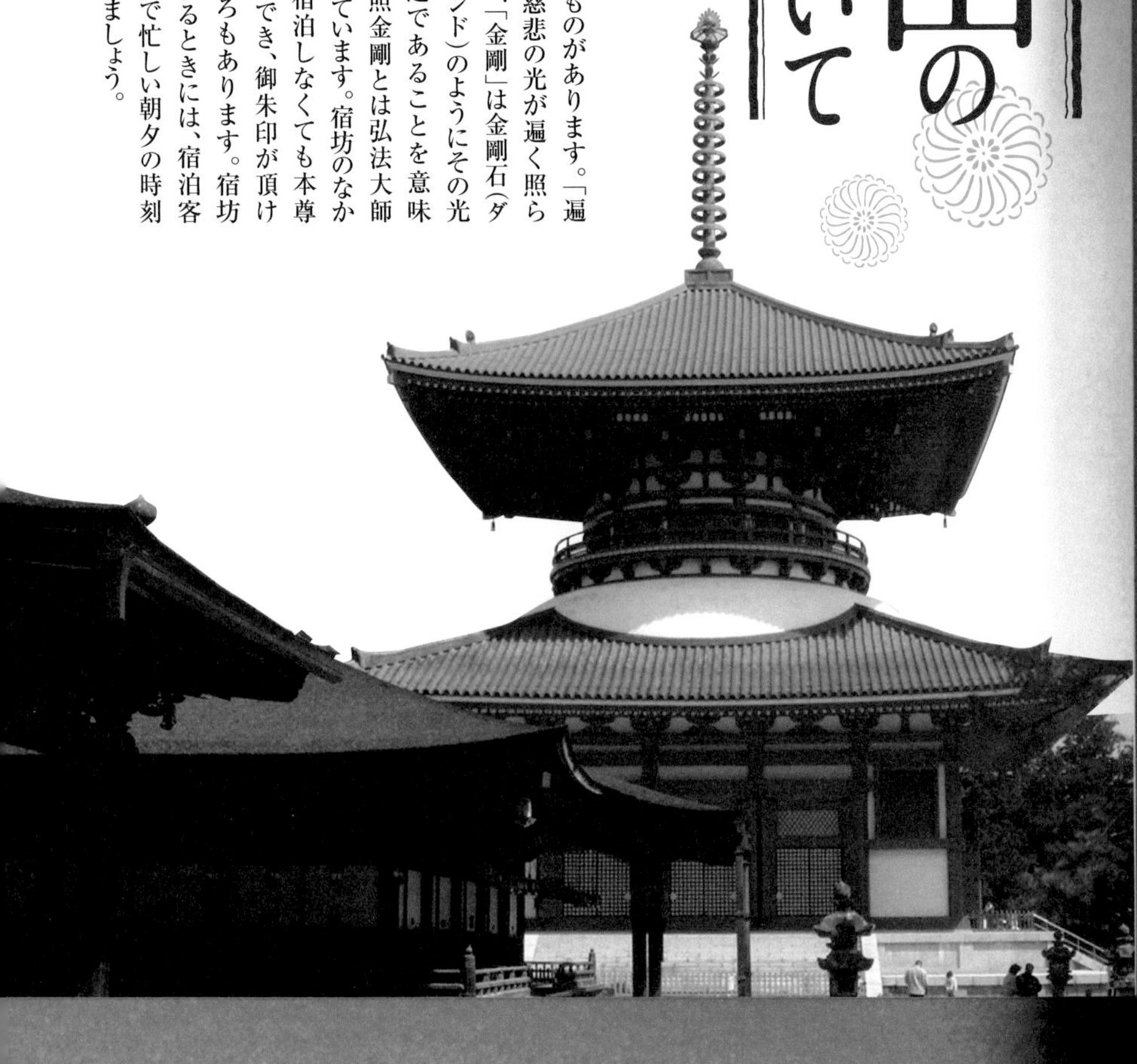

御朱印の読み方

【奉拝・俗称の墨蹟と朱印】

「奉拝」とは「参拝させて頂きました」の意味。朱印は寺院の俗称や札所霊場であることが示される

【本尊名など】

中央にはその寺院の本尊名など、参拝した仏の名が書かれる。本書では梵字や漢字の読み方、意味を記している

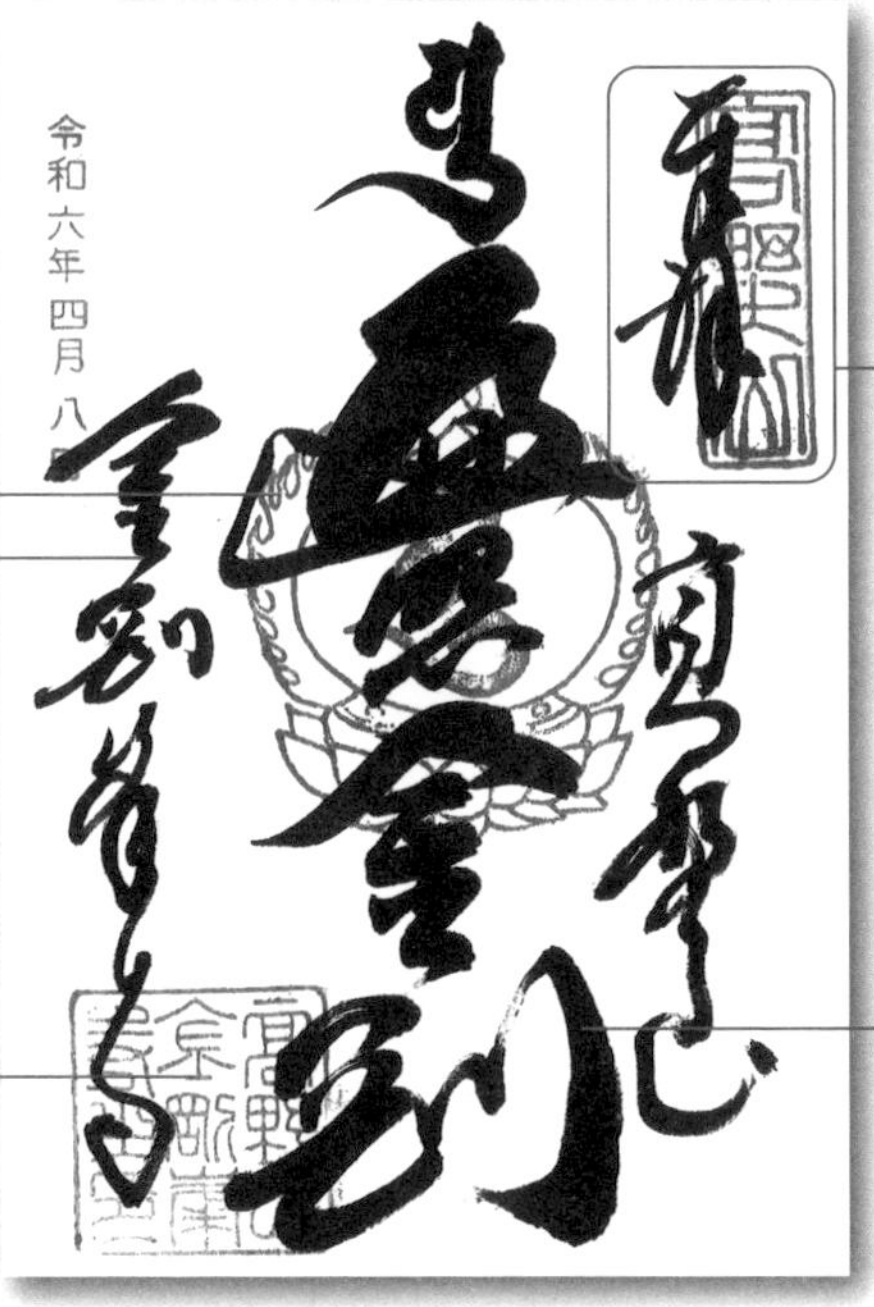

【印】

本尊を梵字で表した印や三宝印などが押される。三宝印とは仏法僧宝の印。印の字体は篆書という独特なものが多い。そこで本書では印の読み方を記した

【寺号】

寺の名前。ここに山号と寺号の両方が書かれた御朱印もある

【寺院の印】

寺院名の御朱印。本書では寺院名印の読み方を記した。なかには山号を彫った印もある。ほとんどが四角形だが、円形や梵鐘形など変わった印もある

御朱印基礎知識

これぞ、正統派！　御朱印の頂き方レクチャー

御朱印は仏様とのご縁がつながる大切なもの。決して参拝記念スタンプではありません。ですから、きちんとマナーを守って頂きましょう。

正しく参拝

一　まずは洗って清めるべし

境内に入ったら水屋で手を清め、口をすすぐ。手の洗い方は右手で柄杓を持ち左手を洗い、次に左手で柄杓を持ち右手を洗う。口をすすぐ時には水を手にとってすすぐ。最後に柄杓に水を入れ、柄杓を立てる。こうすると自然と柄に水がかかり、柄をすすぐことができる

弐　本堂到着！　さあ、拝むべし

本堂に進み、灯明、線香、賽銭をあげる。本堂入口に納経できる箱があればここに写経を納める。箱がなければ御朱印を頂く時に受付で納経する

参　読んで、念じて……

本尊に合掌し、読経。読経は大声でなくても、また心のなかで念じるだけでもいい。般若心経など

四　クライマックス、ゴー朱印！

御朱印受付で御朱印を頂く。
本書に掲載の寺社では
片ページ御朱印の場合500円

マナーを心得る

多くの寺院でマナーの悪い参拝者がいるという話を聞きました。そこで気持ちよく御朱印を頂くためにマナーを守りましょう。特に宿坊を行っている寺院では夕刻や食事の時間帯、葬儀や法事、寺の行事などで忙しい時には遠慮するなどの気配りをしたいもの。以下のような行為はNG。ちょっとした気遣いがあればマナーを守るのは難しいことではないはず。

御朱印を書いてもらっている間、大声でおしゃべりしない

葬儀中に強引に御朱印を頼むのはダメ

御朱印帳は必携。観光記念のスタンプ帳やメモ帳になんて論外

御朱印帳以外はダメという寺院もある

本堂で寝ころんだり、飲食するなんて巡礼の資格ナシ

宿坊業務がたてこむ時間は避ける

基礎知識

高野山交通ガイド

列車

高野山へはなんば駅始発の南海高野線を利用する。新幹線で新大阪駅に到着したら、地下鉄御堂筋線に乗車、所要約15分でなんば駅。ここから南海高野線が発着するなんば駅までは徒歩8分ほど。

各方面から高野山へ

南海高野線
なんば駅から極楽橋駅までは橋本駅経由で。極楽橋直通の「特急こうや」を利用すると便利。平日1日2～4本、土・休日増便

南海ケーブル
電車の発着時刻に合わせて極楽橋駅で接続している。高野山駅では山内各所に行く路線バスとも接続

関西国際空港から
関西空港駅から南海空港線なんば行で天下茶屋駅乗換、極楽橋駅へ。列車利用なら大阪空港よりアクセスは便利

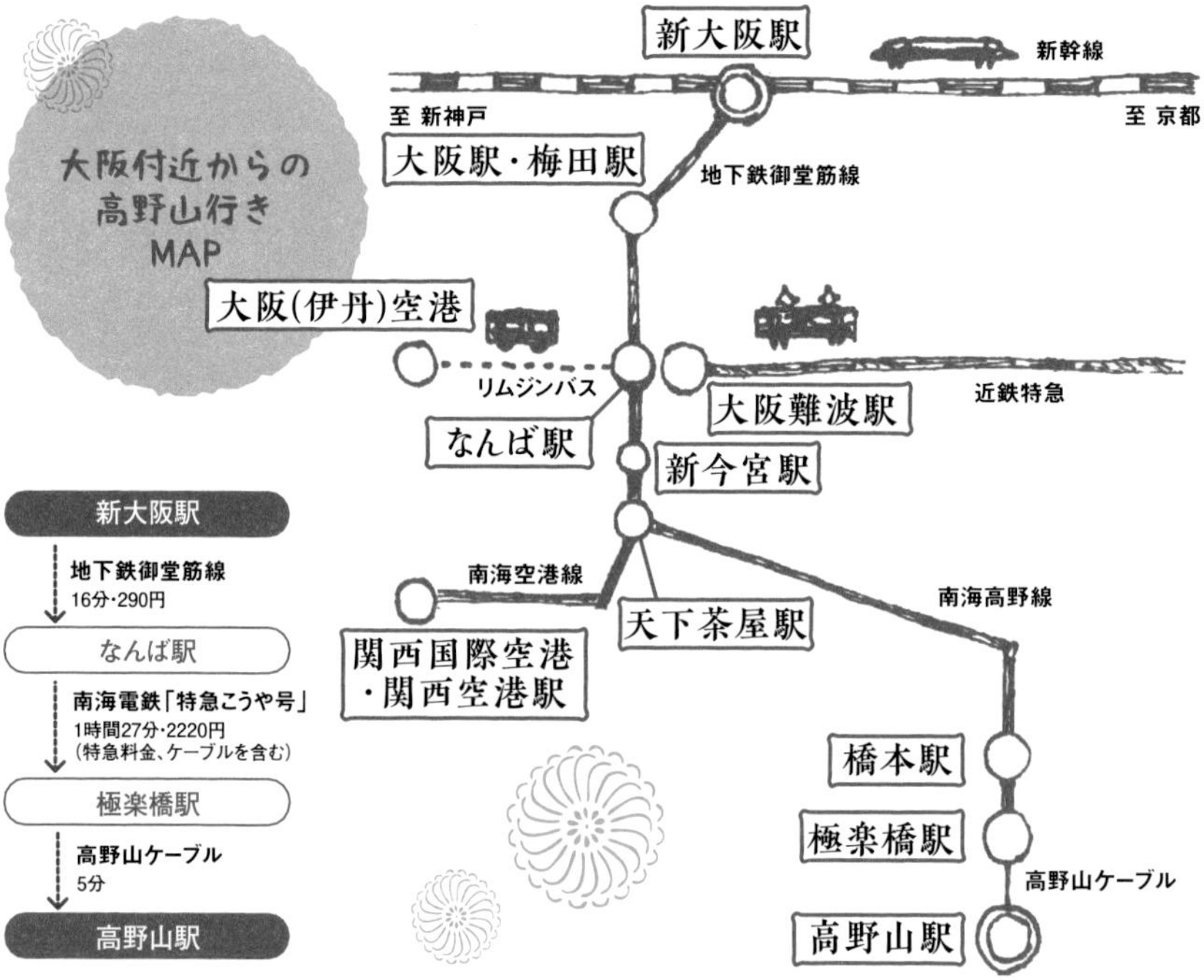

飛行機

大阪（伊丹）空港、関西国際空港を利用。大阪空港からはOCAT行き空港リムジンバスでなんば駅へ。関西国際空港には全国主要都市からLCCが運行されている。リーズナブルに飛行機を使うなら、関西国際空港から入り、列車利用で天下茶屋駅にいたるのがおすすめ。

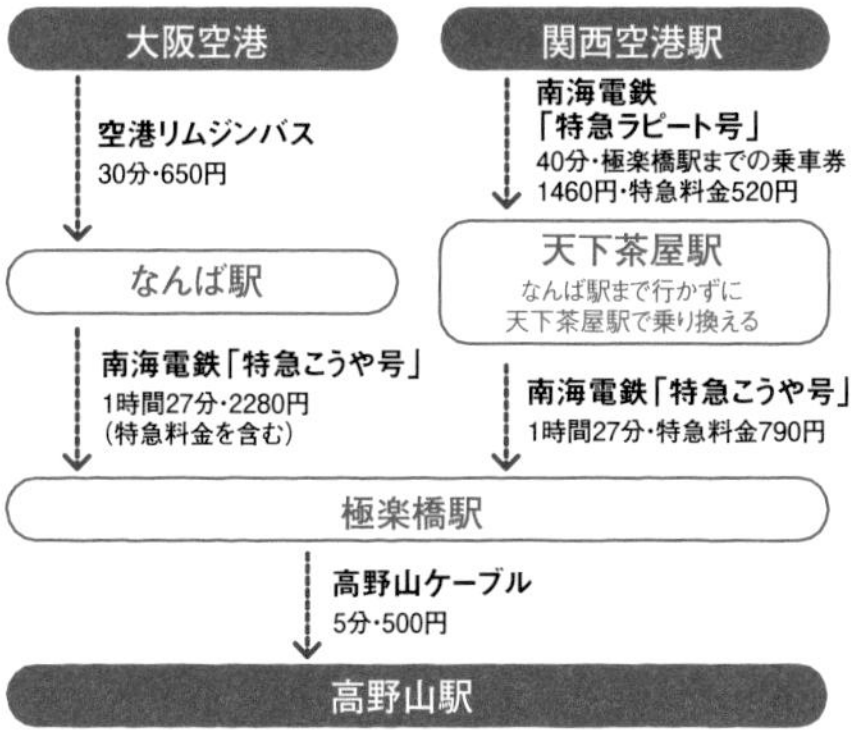

自動車

橋本市街からは高野口付近まではバイパス国道24号を利用できる。また国道370号はかつて有料道路だった道で2車線あり、道幅も広く、対向も安心で走行しやすい。

京都・大阪方面から

阪和道美原北JCTから南阪奈道羽曳野ICで下り、国道170号線で河内長野へ。上原町交差点から国道371号線で橋本。九度山町経由国道370号線・480号線で高野山。

神戸方面から

阪神高速湾岸線から阪和道泉南ICで下り、県道63号で岩出市。岩出市から橋本方面へ走り、かつらぎ町から国道480号線利用。

高野山山内での歩き方

町の中心へは南海りんかんバスで。諸堂宇は東西4㎞以内にあるので歩いて参拝が可能。宿坊協会中央案内所には電動レンタサイクルがあり、1時間400円。バスの1日乗り放題券1100円を利用するとおトク。

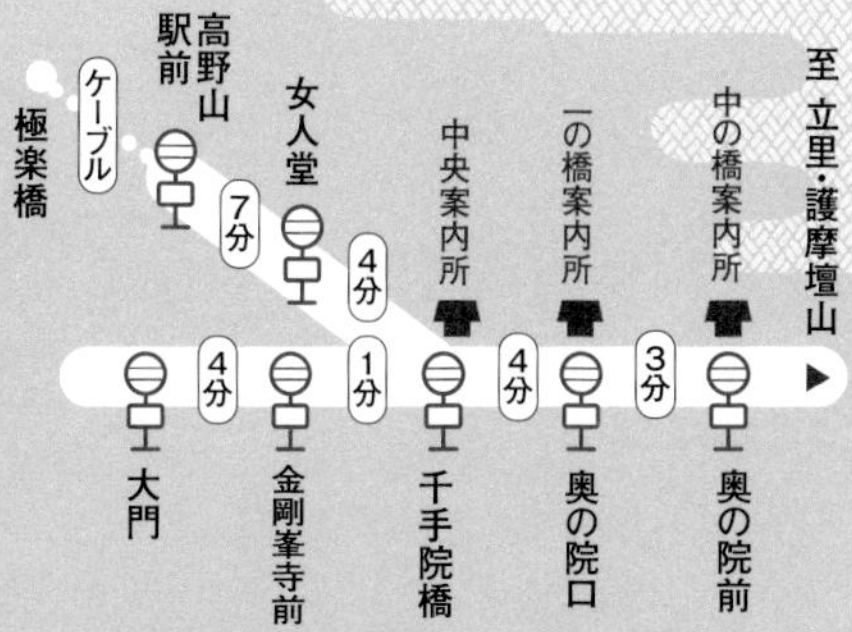

南海りんかんバス
URL／www.rinkan.co.jp
TEL／0736-56-2250（高野山営業所）

有鉄観光タクシー株式会社
和歌山県伊都郡高野町高野山802
TEL／0736-56-2634（FAX／0736-56-2635）

本書をご利用になる皆さんへ

※本書に掲載の寺院はすべて、写真・御朱印の掲載等許可を頂いています。堂内・境内撮影禁止の寺院にも取材ということで許可を頂きました。掲載許可を頂けなかった寺院は掲載していません。

※仏像名・施設名は各寺院で使用している名称に準じています。

※拝観料、拝観時間、参拝記念品や飲食の料金については2024年4月現在のものです。時間の経過により変更されることもあります。

あたしは
クロよ！
ぼくは
シロだよ！

恵光院【えこういん】

弘法大師がこの地に五重塔を建てたのが最初。後に弟子の道昌僧都が庶民の回向を行ったことから回向院と呼ばれるようになりました。八代将軍徳川吉宗の命により恵光院と改称。本堂には本尊阿弥陀如来、毘沙門堂には大師作と伝えられる毘沙門天、大師が唐に渡ったとき、航海の安全を守ったという舵取り不動が祀られています。

玄関の前には落ち着いた庭園が広がる

奥之院入口の一の橋近くに位置。明智光秀の菩提寺でもある

①無量寿奉拝＋高野山　②阿弥陀如来　③梵字キリークの阿弥陀如来を表す印　④恵光院　⑤高野山恵光院

①ムカデ（毘沙門天のお遣い）の印奉拝＋高野山　②毘沙門天　③梵字バイの毘沙門天を表す印　④金剛院　⑤高野山金剛院

奥之院のすぐ
近くでナイトツアーの
集合場所
なんですって！

宿泊者無料の
阿字観体験が好評

DATA
住所／和歌山県伊都郡高野町高野山497
交通／山内バス苅萱堂前バス停より徒歩2分
拝観料／無料
MAP／P.2-D3
www.ekoin.jp/

70

データ

お寺や見どころの住所、交通、拝観時間、拝観料、ホームページアドレスを掲載

御朱印解説番号

1. 奉拝・俗称の墨蹟と朱印
2. 本尊名・観音名など
3. 印
4. 寺号
5. 寺院の印

キャラクター

弘法大師を高野山に案内したという2匹の犬を祖先に持つシロとクロ。一緒に高野山を歩きます

行きたい
場所がすぐに
見つかるネ
さあ早く
行こうよ

高野山グルメ・高野山みやげ

高野山を代表する名物は胡麻豆腐に高野豆腐
そのほかにも甘い銘菓や般若湯もありますよ
せっかくなら、精進料理も楽しんで!

あれもこれも みんな 食べよう
ヘルシーな 名物が いっぱい

高野豆腐や胡麻豆腐、甘いお菓子などなど
高野山に伝わる昔ながらの名物を楽しみましょう

高野山グルメ

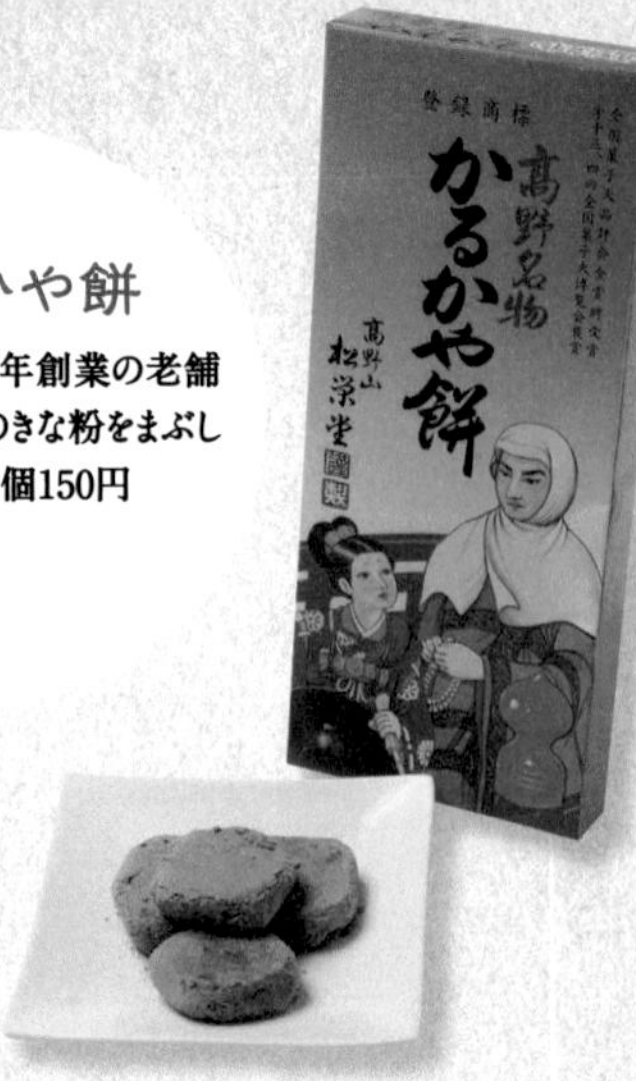

かるかや餅

安政元（1854）年創業の老舗松栄堂。名物のきな粉をまぶしたかるかや餅。1個150円

MAP／P.3-C3

みろく石とやきもち

みろく石本舗かさ國の名物。中ノ橋店にはカフェスペースがある。みろく石は6個720円。やきもちは1個150円

本店:MAP／P.3-C3
中ノ橋店:MAP／P.2-F2

笹巻あんぷ

ヨモギを練り込んだ生麩でこし餡を包み、笹で巻いた麩饅頭。麩善で6個入り1200円

MAP／P.3-C2

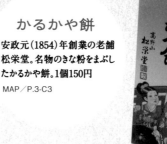

これぞ名物！

一の橋観光センターなどどこのみやげ物店でも買える。出汁付きで手軽に調理できるものもあり。1箱700円

MAP／P.2-D3

味みそ

高野山唯一の味噌醸造店みずき。梅肉入りと落花生入り。各550円

MAP／P.3-B3

さざ波の酒まんじゅう

皮は種に米麹を入れ、自然発酵させたもの。こし餡のさっぱりした甘味。1個150円

MAP／P.3-B3

ランチに笹すし

小倉屋大門店の笹すしのお弁当1000円はシイタケ、エビ、サバ、サーモンの4種入り

MAP／P.3-B3

精進料理の定番

胡麻豆腐は店により味に違いあり。松栄堂の「ごまどうふ」。3個入り800円は濃厚

MAP／P.3-C3

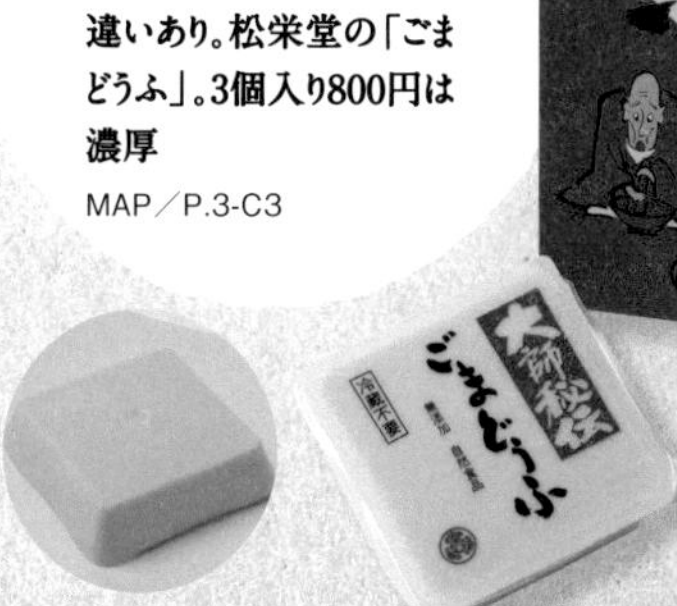

精進料理を極める

高野山の精進料理は
季節感と五法、五味、五色の
組み合わせを大切にしています
すべて野菜とは思えないほど
豊かな色彩と変化に富んだ味わいを
ゆったりと楽しみましょう

蓮根梅肉和え

梅肉の酸味と色彩が上品。
シャキシャキした歯触りを楽しむ

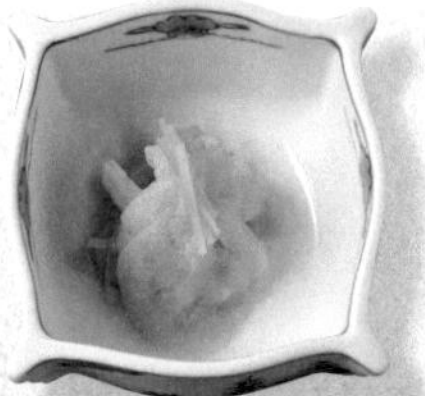

魚や肉を使わないのは当然だが、高野山ではネギ類、ニラなど、香味の強い食材を使用しないのも特長。
素材の味を生かす煮物は精進料理の命と言われるほど重要な調理法

目の前に並んだ料理は箸をつけるのがもったいないほど。
「目で楽しんでいただく〝目食〟を重んじています。赤、青、黒、黄、白の色彩を必ず料理に盛り込みます。これが五色です」、老舗料亭「花菱」の女将大岡育子さんにお話を伺いました。「五法」とは調理法のことで、生のまま、煮る、焼く、揚げる、蒸すを指し、「五味」とは甘い、辛い、酸っぱい、苦い、しょっぱいの5つの味を言うとのこと。「だしも鰹節は使わず、昆布だしを基本にシイタケ、かんぴょう、香りを出すために煎り米を使った精進だしです」。

お料理は一品一品すべての味が微妙に異なります。「ていねいに下処理をして、一つひとつに異なる味付けをして、手抜きが一切できません。本当に手がかかって職人泣かせなのですよ」。

五法、五味、五色の繊細な味わいが堪能できます。

清まし仕立

豆腐はナメコ入りのナメコ豆腐。もうひとつの汁物・味噌汁は麦味噌を使用。優しい味の味噌で精進料理に合うとのこと

活盛

鮮魚のお造りに見えるが、赤と白の蒟蒻。コクのある胡麻醤油でいただく

八寸

栗麩田楽、香茸白和えつぼ入、松茸寿司。右上はむかごを豆腐と合わせ照焼にした一品。その下はユリ根の昆布巻、左下はさつま芋

胡麻豆腐

手練りして作った胡麻豆腐に山葵のあんかけ。山葵は胡麻の風味を損ねないよう香りづけ程度で、とろみには吉野葛を使用

ちぎり麩

生麩をちぎり、炊いた小鉢

酢の物

紅茶で染めた茶染め豆腐、胡瓜、蓮根、茗荷など

☆右ページの写真は「摩仁膳(7150円)」。数量に限りがあるので予約が確実。季節により料理内容は変わります。
花菱　0736-56-2236　MAP／P.3-C3

般若湯＆名水コレクション

般若湯ってなんなの？ お酒とちがうの？

般若湯は僧侶たちの隠語で酒を指します。仏教では飲酒は禁じられています。しかし、弘法大師は冬の厳しい寒さから体を温め、風邪予防などのため、薬として飲む酒は「塩酒一杯これを許す」としています。とはいえ修行の妨げになるほどの多量の飲酒は禁止です。高野山の地酒は麓のかつらぎ町にある蔵元が高野山北側の麓の伏流水で醸したもの。寺院にも納められ、夕食とともに楽しめる宿坊もあります。販売はレストハウスみずきなど、みやげ物店で扱っています。

これは お酒じゃ ないよ

八葉のめぐみ

高野山頂上から湧き出す水。500mℓ150円。問い合わせ／レストラン楊柳 0736･56･3471
MAP／P.2-F2

般若湯 純米酒

米本来の風味を生かした芳醇、すっきりした味わい。常温で。300mℓ 740円

般若湯

まろやかで濃厚な味わい。とろりとした原酒を昔ながらの瓶に。300mℓ 1500円

爪剎酒（つまむきのさけ）

弘法大師も薬として飲んだという。正御影供にお供えされる。300mℓ 847円

レストハウスみずき:MAP／P.3-B3

壇上伽藍・金剛峯寺と その周辺

荘厳な堂宇が並ぶ壇上伽藍や金剛峯寺に参拝して
阿字観を体験すれば密教思想に触れられます
女人堂や華麗な徳川家霊台にも足を延ばしましょう

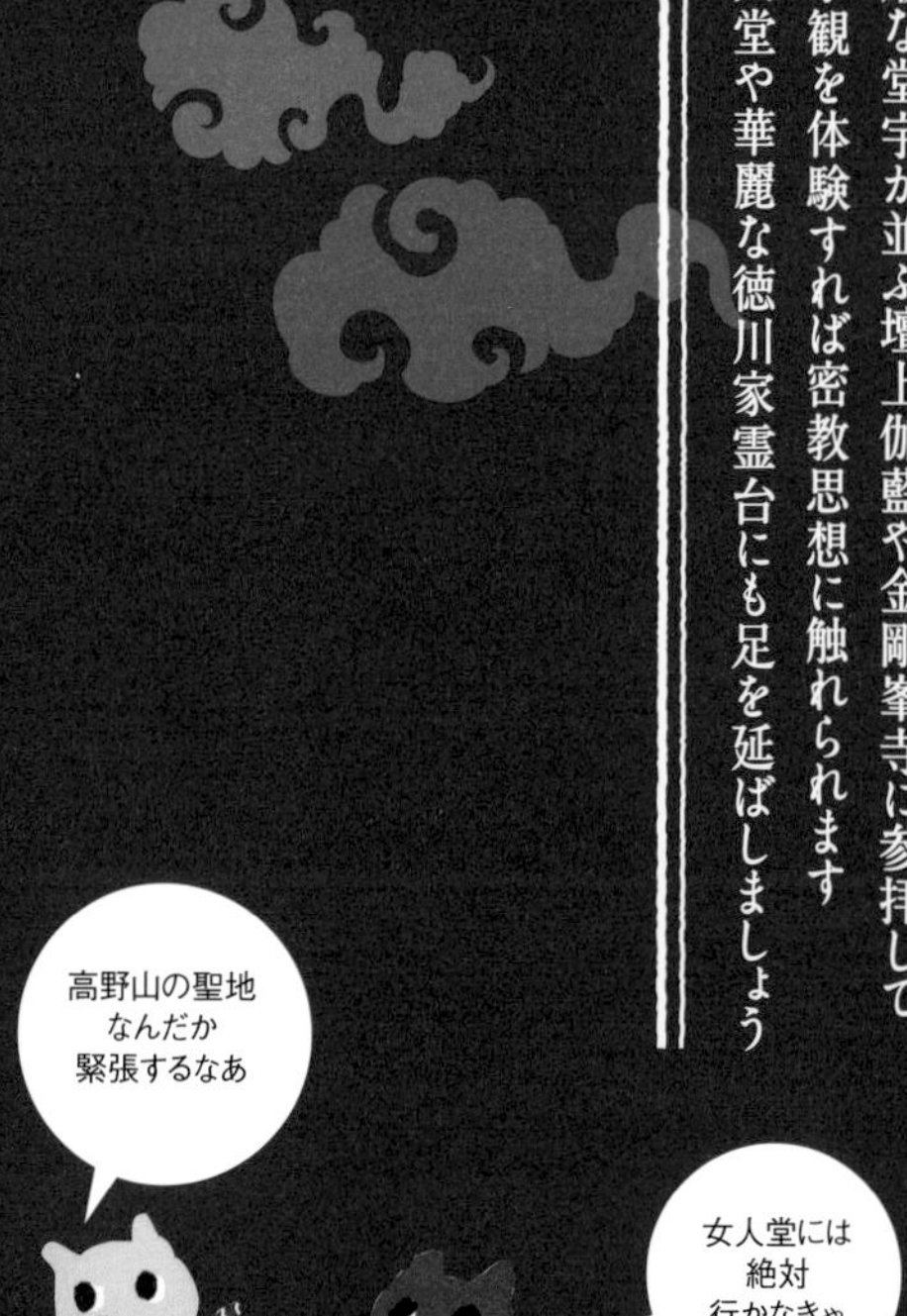

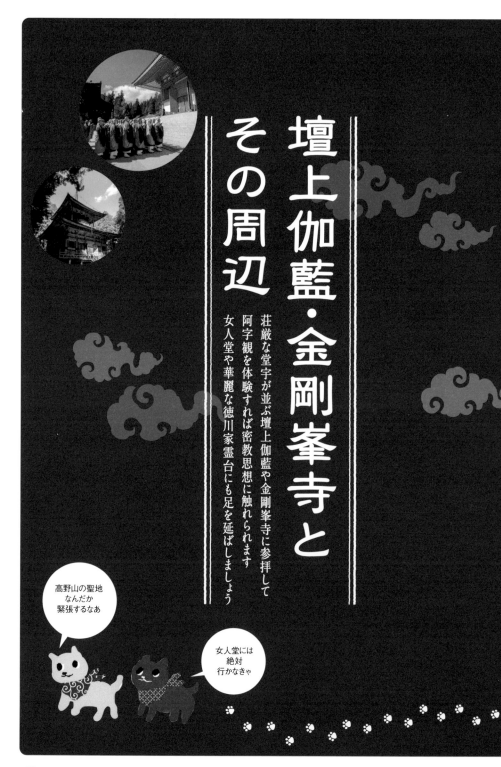

高野山の聖地
なんだか
緊張するなあ
女人堂には
絶対
行かなきゃ

壇上伽藍周辺 MAP

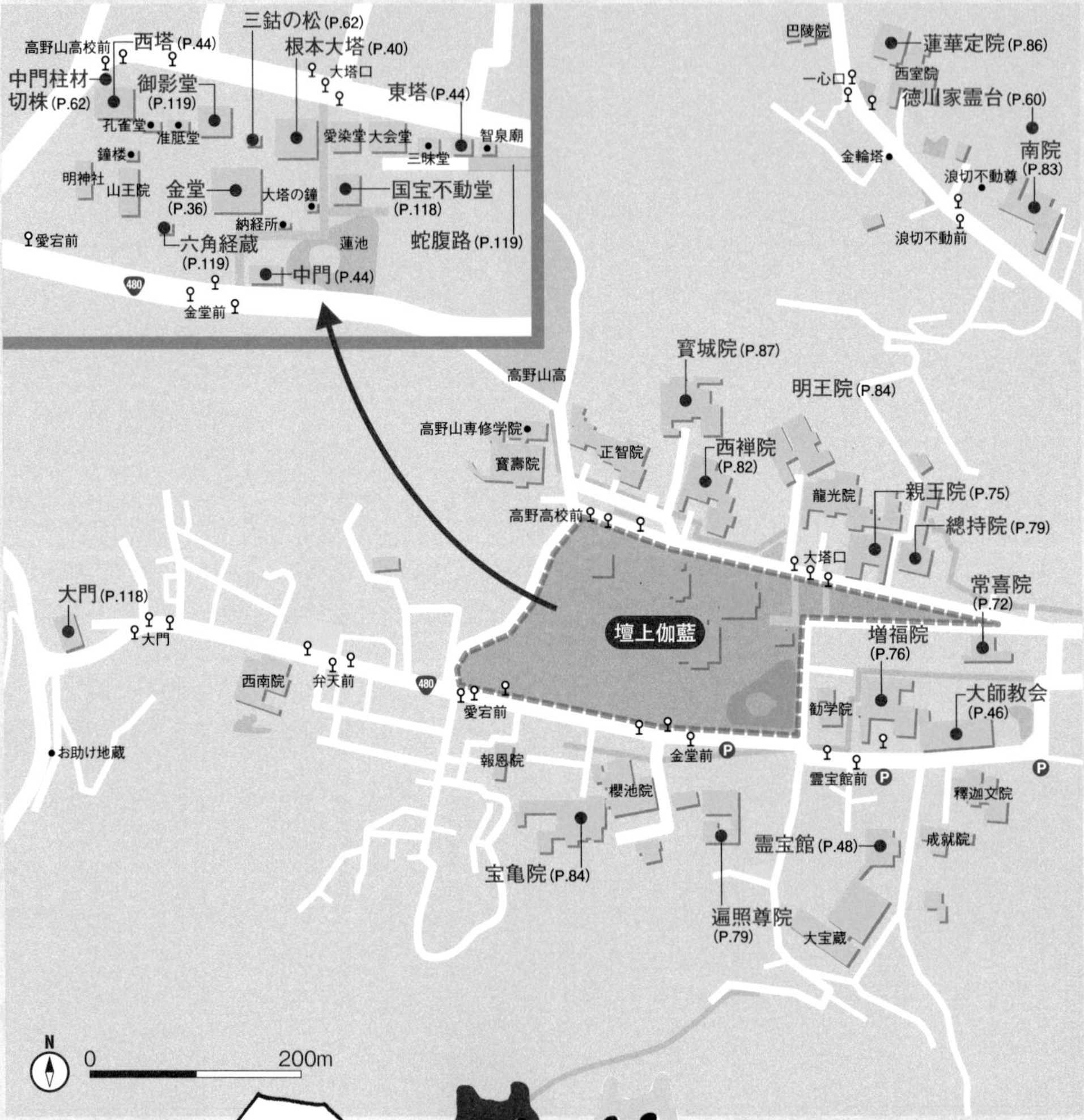
三鈷の松(P.62)
高野山高校前
西塔(P.44)
根本大塔(P.40)
大塔口
中門柱材切株(P.62)
御影堂(P.119)
東塔(P.44)
孔雀堂
准胝堂
愛染堂
大会堂
智泉廟
三昧堂
鐘楼
明神社
山王院
金堂(P.36)
大塔の鐘
国宝不動堂(P.118)
納経所
愛宕前
六角経蔵(P.119)
蓮池
蛇腹路(P.119)
中門(P.44)
480
金堂前
巴陵院
蓮華定院(P.86)
西室院
一心口
徳川家霊台(P.60)
金輪塔
南院(P.83)
浪切不動尊
浪切不動前
寶城院(P.87)
高野山高
明王院(P.84)
高野山専修学院
正智院
西禅院(P.82)
寶壽院
龍光院
親王院(P.75)
高野高校前
総持院(P.79)
大塔口
常喜院(P.72)
大門(P.118)
壇上伽藍
大門
増福院(P.76)
西南院
弁天前
480
大師教会(P.46)
愛宕前
勧学院
金堂前
お助け地蔵
報恩院
霊宝館前
釋迦文院
櫻池院
霊宝館(P.48)
成就院
宝亀院(P.84)
遍照尊院(P.79)
大宝蔵
N
0
200m

お店が並ぶ
繁華街めぐりが
楽しいよ

弘法大師が最初に造営着手した聖地

壇上伽藍は僧が集まり修行する清浄な場所。堂塔は密教思想に基づいて配置されています。付近には、御授戒や写経など修行体験ができる大師教会もあります。

金《こん》堂《どう》

高野山の総本堂。高さ約24mの入母屋造で関西近代建築の父といわれる武田五一氏によって設計されました。本尊は秘仏です。

根《こん》本《ぽん》大《だい》塔《とう》

大日如来を本尊とする大塔は何度も落雷や火災に遭い、平清盛、豊臣秀吉、徳川家光といった権力者が再建してきました。

平成27(2015)年に再建された中門

壇上伽藍の北西にある西塔

色鮮やかな東塔は蛇腹路の近辺

大《だい》師《し》教《きょう》会《かい》

法会や儀式、御詠歌の大会、宗教舞踊大会などが毎年、開催され、高野山真言宗の布教活動の総本部となっています。

聖地の中心にふさわしい荘厳な空間

金堂【こんどう】

壇上伽藍への入口である中門を入ると、正面に堂々とした風格をたたえた金堂が建っています。背後には根本大塔の鮮やかな朱色も見えています。

壇上伽藍は高野山の二大聖地のひとつ。多くの堂塔が並ぶなかで、金堂はその中心にあり、年中行事のほとんどが行われるなど、高野山の総本堂としての重要な役割を果たしています。

造営は弘法大師が壇上伽藍の堂塔創建に着手した弘仁10（８１９）年に始まり、完成は承和５（８３８）年と伝わります。当時は講堂と呼ばれ、さまざまな儀式が執り行われていました。しかし、その後の度重なる天災や火災で衰退・焼失し、何度か再建が繰り返されました。昭和元（１９２５）年の大火災では創建当時のものと思われる本尊や諸仏の多くを失っています。

現在の建物は昭和９（１９３４）年の完成で7度目の再建。創建当時の姿は檜皮葺のお堂とされますが、耐震・耐火を考え、銅板葺屋根に鉄骨と鉄筋コンクリート構

金堂内部。正面には大壇があり、瑜祇塔（ゆぎとう）が据えられている

DATA

住所／和歌山県伊都郡高野町高野山152
交通／山内バス金堂前バス停より徒歩すぐ
拝観／8時30分～17時（16時30分拝観受付終了）、御供所8時30分～17時
拝観料／500円

金堂は高野山の総本堂。真言密教の中核となる場所

造の入母屋造になっています。

それでは堂内に入ってみましょう。堂内は土足禁止です。ほの暗いお堂のなか、天井から下がる天蓋がきらめき、大壇には法会で使用する密教法具が並びます。どれもが金色に輝き、そして細々とした法具は一部の乱れもなく整えられ、この場が厳粛な祈りの場であることを感じさせます。

正面に向かって右には胎蔵界曼荼羅、
左に金剛界曼荼羅が飾られる

壇上伽藍の御供所。お守りもある

正面には固く扉を閉ざした厨子が見えます。このなかに本尊「薬師如来《やくしにょらい》（阿閦如来《あしゅくにょらい》）」が祀られているのです。本尊は高村光雲作、秘仏として公開されていません。目を引くのは厨子の両脇。鮮やかな色彩に彩られた脇侍仏たちです。

創建時のものと推定されていた脇侍仏は昭和の火災で焼失してしまいましたが、焼失前の姿が写真に残っていたため、現在祀られている諸仏は平安時代の姿を再現しているそうです。

本尊に向かって右側に居並

ぶ三尊は右から白い象に乗った普賢延命《ふげんえんめい》菩薩《ぼさつ》、不動明王《ふどうみょうおう》、そして金剛薩埵《こんごうさった》です。魔を払う密教法具を手にした金剛薩埵は真言宗では大日如来の教えを継承する仏とされています。

左側の三尊は右から金剛王《こんごうおう》菩薩《ぼさつ》、降三世明王《ごうざんぜみょうおう》、そして無限の知恵をもつとされる虚空《こくう》蔵《ぞう》菩薩《ぼさつ》です。

壁には大きな曼荼羅が掛けられています。かつては平清盛が奉納したと伝わる「血曼荼羅」が掛けられていました。「血曼荼羅」という名称は清盛が自身の頭の血を絵の具に混ぜて彩色したとされるためです。本物の血曼荼羅は霊宝館に所蔵され、特別展などで展示されます。

さて、壇上伽藍で御朱印が頂けるのは金堂と根本大塔。ともに中門の近くにある御供所でお願いします。

「壇上伽藍は高野山の聖地。この聖地をお護りできるのは僧侶だけです。そこで壇上伽藍の御朱印だけは一般職員が書くことはなく、常に僧侶が書いているんですよ」とのこと。

御朱印に押されている「誓願無比」とは衆生の救済を成し遂げようという仏の誓いを意味します。

①誓願無比奉拝＋高野山　②梵字バイ＋薬師如来　③梵字バイの薬師如来を表す印　④大伽藍＋金堂　⑤高野山大伽藍御供所

弘法大師が留学先の唐から放った三鈷杵が引っかかっていたという「三鈷の松」。金堂と御影堂の間にある

圧倒的な曼荼羅ワールドに息をのむ

根本大塔【こんぽんだいとう】

　青空を背にまぶしいほど鮮やかな朱色を輝かせ根本大塔は堂々と立っています。その姿には、まさに壇上伽藍の中心というにふさわしい威厳が感じられます。

　高さ約48・5m、参詣者と比べてみるとその巨大さがよくわかります。

　弘法大師は真言密教の象徴として根本大塔造営に着手しました。それは弘仁7（816）年のことでした。

　大師の構想は雄大です。その規模は現在の根本大塔とほぼ同じ。もちろん木造ですが、当時としては今以上に目をみはるような巨大建築物です。それを、すべて人の手で造るのですから、大師の入定前には完成せず、落慶は仁和3（887）年頃、弟子の真然大徳の代になってからでした。なんと70年もの歳月を費やしたことになります。完成した根本大塔は日本初の多宝塔形式の塔でした。2層建築で下が方形、上部が円筒形という姿は、この時代までに建てられていた五重塔など、奈良の寺院にある塔とは全く異なる姿を人々に見せたのです。

DATA

住所／和歌山県伊都郡高野町高野山152
交通／山内バス金堂前バス停より徒歩1分
拝観／8時30分～17時（16時30分拝観受付終了）、御供所8時30分～17時
拝観料／500円

根本大塔は幾度も火災や落雷で焼失。現在の建物は昭和12（1937）年再建の鉄筋コンクリート

壇上伽藍周辺

柱の仏像画は堂本印象による。16の柱に十六大菩薩、四隅の壁には密教を伝えた八祖像が描かれている

その原型は大師が留学した唐の寺院にあると思われます。大師が長安（中国陝西省西安市）で滞在した青龍寺の発掘調査では塔址が見つかっています。とはいえ、根本大塔の形は日本固有のものとされます。

中国式の塔をベースに弘法大師は独自の形式を取り入れたのでしょう。大師の天才的な発想が、誰も見たことがない塔を誕生させたと言えるのかもしれません。

大師は大塔の内部にも、驚くほど華麗な世界を出現させました。

それがどのような世界なのか、ワクワクしながら内部に入ると、目の前に広がったのは仏が住む世界を立体的に示した曼荼羅ワールドでした。金色に輝く本尊大日如来、傍らに並ぶ金色の四仏、さらに朱色の円柱に描かれた極彩色の仏たち、すべてが圧倒的な力強さで表現されています。その迫力に参拝者からは「！」という驚きのため息が聞こえるほど。立体曼荼羅は京都の東寺にもありますが、大塔は色彩豊か。弘法大師や真然大徳が造り上げた当時の立体曼荼羅はこのように黄金の光を放っていたに違いなく、1200年前の人々が見たのと同じ鮮やかな立体曼荼羅が再現されているといえるでしょう。

正面の大日如来に参拝してから、ゆっくり塔内を一周して曼荼羅世界を堪能してください。御朱印は金堂と同じ御供所で頂きます。

御朱印には大日如来の墨書と「慈光無窮」の印が押されています。印の意味をうかがうと「大日如来の慈しみの光は窮まることはなく、あまねくゆき届くという意味です。ですから、御朱印には参拝された皆さんに大日如来の功徳がありますようにという願いを込めています」と話してくださいました。

曼荼羅は仏の功徳や役割を図解したもの。その中心にいるのが大日如来

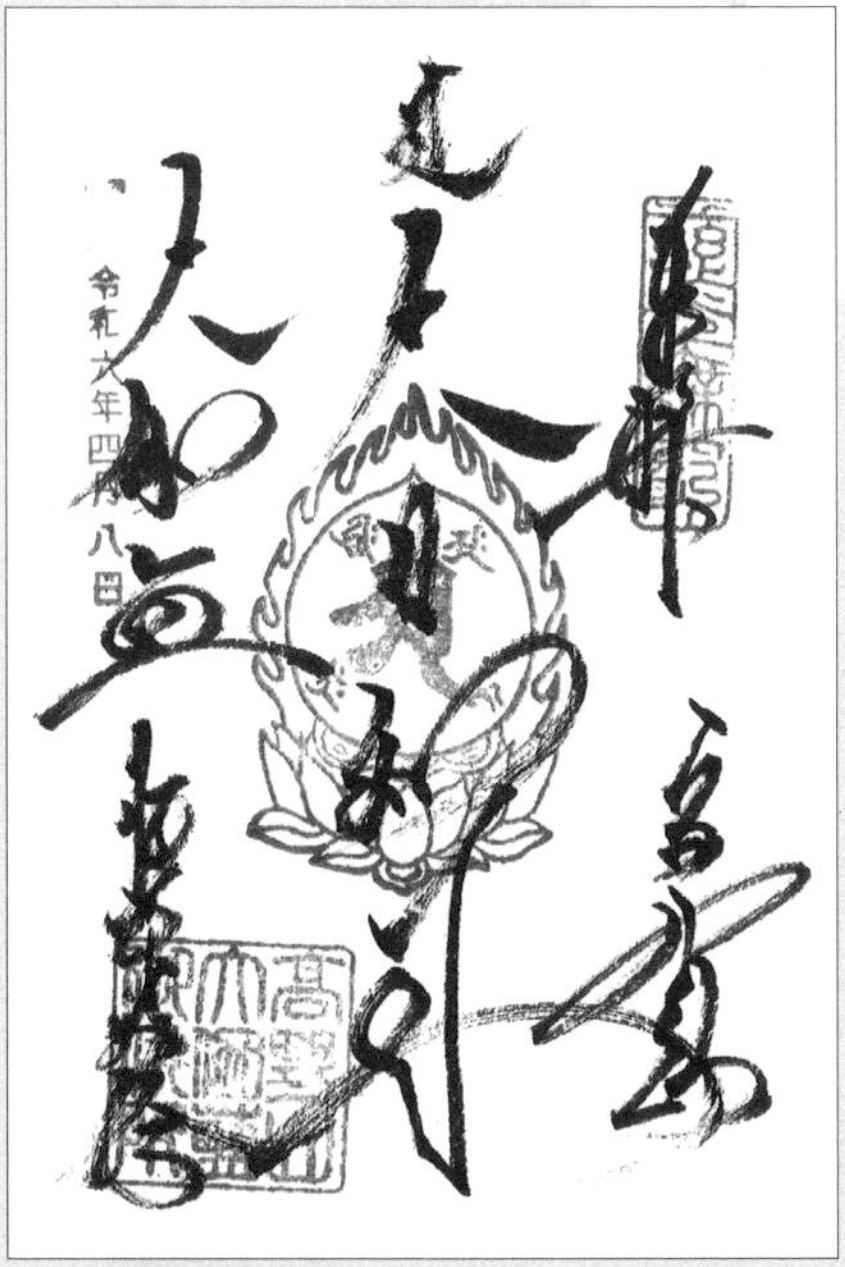

①慈光無窮奉拝＋高野山　②梵字ア＋大日如来　③梵字アの大日如来を表す印　④大伽藍＋根本大塔　⑤高野山大伽藍御供所

立体曼荼羅配置図

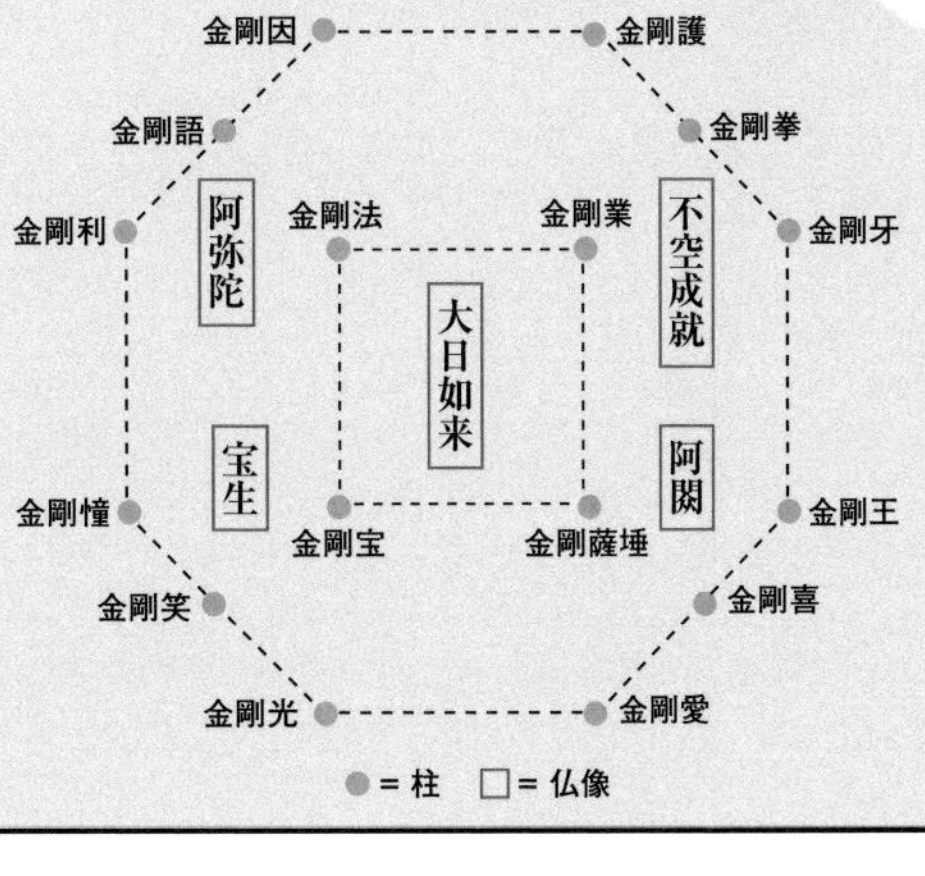

再建された中門とふたつの塔をめぐる

中門【ちゅうもん】・西塔【さいとう】・東塔【とうとう】

壇上伽藍の正門が中門です。鎌倉時代には楼門だったと伝わりますが、江戸時代に焼失、礎石だけが残されていました。それが平成27（2015）年、高野山開創1200年を記念して172年ぶりに再建されたのです。再建にあたっては礎石周辺の発掘調査や古文書などを参考に鎌倉時代の姿に近い形を目指したといいます。

門には四天王像が安置されています。そのうち、持国天と多聞天は文政2（1819）年に造られたもの。広目天、増長天は新たに造立された像です。制作したのは仏師松本明慶氏。増長天の胸にはトンボ、広目天の胸には蝉があしらわれています。トンボは前にしか飛ばないので邪悪なものからは退却しないという決意、蝉の声は遠くまで届くので邪鬼への威嚇とすみずみまで見渡せる目を表現したということです。

西塔は仁和2（886）年に高野山第二世の真然大徳により建立されました。現在の建物は高さ約27mの擬宝珠高欄付きの多宝塔で、天保5（1834）年の再建です。本尊大日如来は霊宝館に収められており、西塔には後世の像があります。

東塔は大治2（1127）年、白河上皇の御願により建

再建された中門。高さ16m、幅25m、奥行15mで5年の工期をかけて完成した。檜皮葺の屋根には1500本分の檜皮が使用されている

四天王像は左から多聞天、持国天、増長天、広目天。その役目は仏法守護で邪鬼から高野山を護っている

立されましたが、火災で焼失。昭和59（1984）年、弘法大師御入定1150年を記念して再建されました。白河上皇と等身の尊勝仏頂尊《そんしょうぶっちょうそん》が本尊として祀られています。

朱色が鮮やかな東塔。西塔は、外観は色彩に乏しいが、塔内には大日如来が安置され、天井や柱には極彩色で天女や鳳凰、草花が描かれている（通常は非公開）

弘法大師を祀る布教の総本部

大師教会【だいしきょうかい】

高野山真言宗の布教活動を行っているのが大師教会です。活動の一環として法会や御詠歌の大会などが行われる大講堂は大正14（1925）年に「高野山開創千百年記念」として建てられました。堂内には本尊弘法大師、脇侍仏として愛染明王と不動明王がお祀りされています。

御朱印を見てください。墨書は「遍照尊」と読みます。「遍照」とは仏の慈悲はすべてのものに及ぶという意味です。

大師教会大講堂

大講堂の内部には弘法大師の生涯を描いた額が掲げられている

DATA
住所／和歌山県伊都郡高野町高野山347
交通／山内バス金剛峯寺前バス停より徒歩すぐ
拝観／8時30分～17時
拝観料／無料（写経体験・御授戒は有料）
MAP／P.3-B3

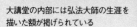

弘法大師は唐に留学した際、師の高僧恵《けい》果《か》和尚《かしょう》から、「遍照金剛」という名を授けられました。御朱印の「遍照尊」は本尊である弘法大師を指しています。

とても流麗な御朱印ですねと筆を置いた職員の方に話しかけました。

「細い字の書体が好きなんです。書の事典などを見て、くずし方を考え、自分らしい字にしようと習練しています。それでもなかなか満足のいく御朱印は書けません」。

大師教会では「菩薩十善戒」という仏の教えを授かる「御授戒」を受けられます。「御授戒」は僧侶から直接、話が聞ける高野山らしい修行体験です。予約は不要ですから、ぜひ参加してみてください。受付は大講堂に隣接する大師教会で。（↓P・116）

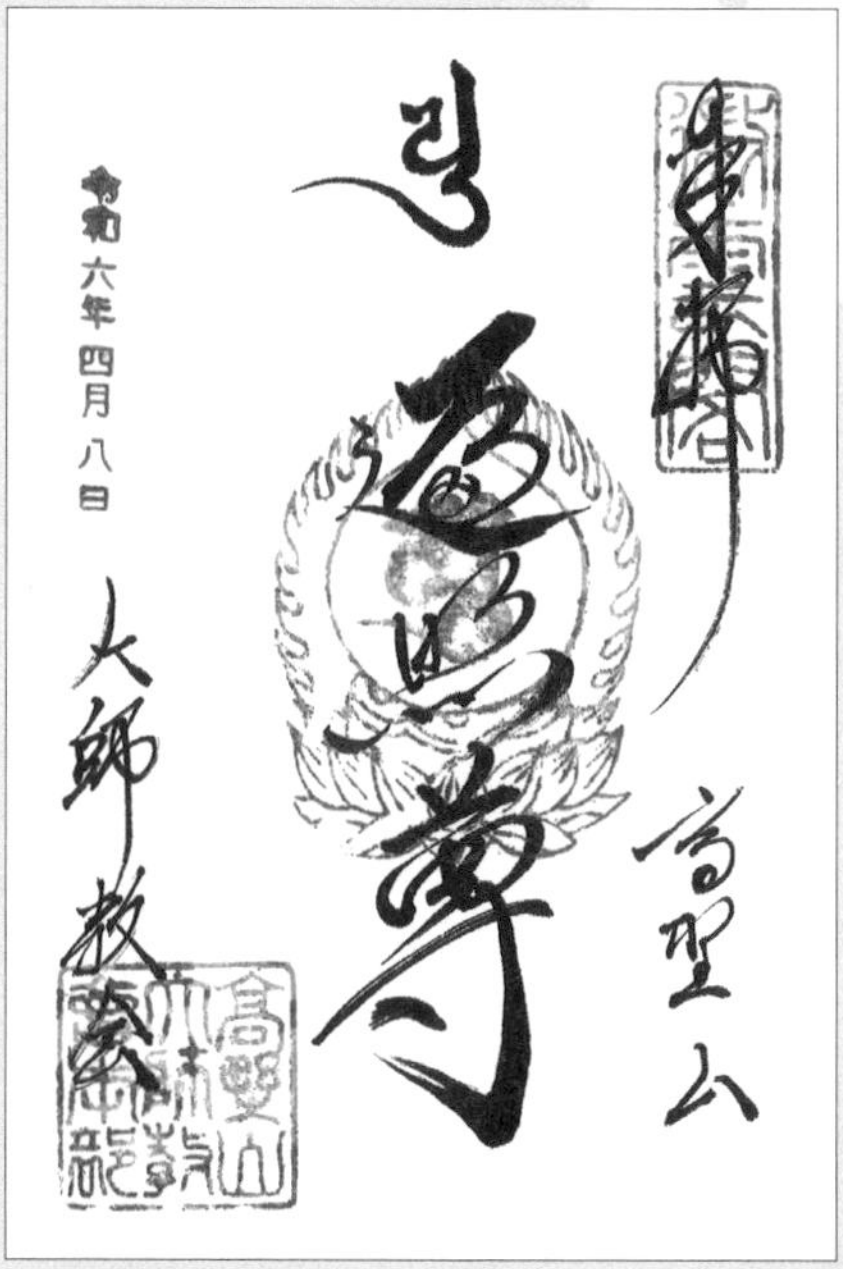

①紫雲閣奉拝＋高野山　②梵字ユ＋遍照尊　③弥勒菩薩を表す梵字ユの印　④大師教会　⑤高野山大師教会本部

御朱印や御授戒の受付は大講堂の隣にある寺務所受付で

仏像仏画、高野山の至宝にうっとり

霊宝館【れいほうかん】

新館の内観。昭和59 (1984) 年に完成

千年以上という長い歴史を誇る高野山には平安時代から受け継がれてきた貴重な仏像・仏画・古文書が残されています。こうした文化遺産を保存・公開しているのが霊宝館です。収蔵品は膨大で「仏《ぶつ》涅槃図《ねはんず》」、運慶作「八大童子立像」、快慶作「四天王立像」をはじめ、国宝21件、重要文化財148件を含む10万点にも及びます。

御朱印を頂くには受付で御朱印帳を預けます。宝物館なのに御朱印……ちょっと不思議だと思いませんか?

霊宝館は単に仏教美術を見学する宝物館ではないのです。ここは仏様と出会う場所、祈りを捧げる場と位置づけられています。ですから、御朱印があるのです。御朱印に墨書された「紫雲殿」は、阿弥陀如来が紫の雲に乗って、往生する人を迎えに来る様子を描いた「阿弥陀聖衆来迎図(国宝)」をお祀りするために建てられました。

「楽の音とともに阿弥陀様が雲に乗って、ゆったりとお迎えに来る。そういう世界観を表現できればと思いながら、心を鎮めて御朱印を書いています」と職員の方。

御朱印は阿弥陀如来を祀る「紫雲殿」の墨書なのに弥勒菩薩を表す梵字ユの印が押されています。阿弥陀如来を表す梵字はキリークのはず。何故でしょうか?

「弘法大師は弥勒菩薩とともに、人々を救済するため、50億余年後、この世に出現すると弟子たちに遺言しました。ここは大師のいらっしゃるところ。ですから、弥勒菩薩を表す梵字ユの印を押すのです」。

お大師様が生きている高野山ならではの御朱印です。

霊宝館では年4回、特別展や企画展・平常展を開催。初夏は庭園のシャクナゲが美しい

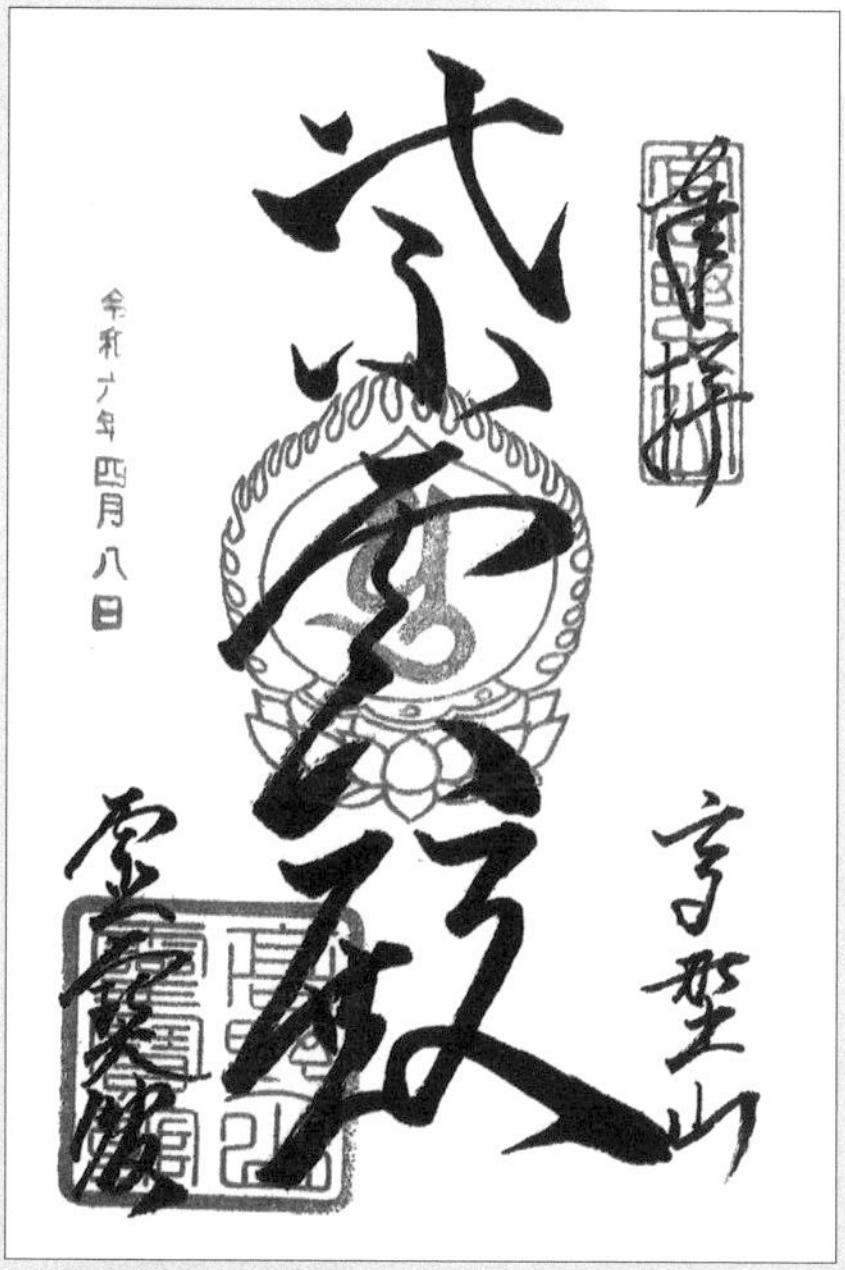

①高野山奉拝＋高野山　②紫雲殿　③弥勒菩薩を表す梵字ユの印　④霊宝館　⑤高野山霊宝館

大正12(1923)年に秩父宮殿下(大正天皇第二皇子雍仁親王)が高野山にお成りになり、霊宝館において植樹された高野槇(金松)

DATA

住所／和歌山県伊都郡高野町高野山306
山内バス霊宝館前バス停より徒歩すぐ、または山内バス千手院橋バス停より徒歩7分
拝観／8時30分～17時30分（11～4月は17時）、年末年始休、閉館30分前拝観受付終了
拝観料／1300円
MAP／P.3-B3

おみやげ散策

壇上伽藍周辺

千手院橋交差点付近、金剛峯寺周辺、金堂・根本大塔などがある壇上伽藍周辺は高野山で最もにぎやかなエリアです。おみやげ屋さんや数珠店などが軒を連ねています。外国人観光客も多く訪れるためか、キャッシュレス決済を導入しているお店もあり、便利にお買い物ができます。金剛峯寺や壇上伽藍の御供所では御朱印帳やお守りも取り扱っていますので、御朱印を頂くとともにのぞいてみましょう。

この色合いが
ちょっとクールでしょ!

高野山てぬぐい

高野山のイメージ画像が印刷されています。長さ約90cm、幅約34cm、綿100%で日本製。西利で購入。
550円　MAP／P.3-C3

表　裏　カバー　表

金剛峯寺の美術品の御朱印帳

金剛峯寺の受付などで購入できる御朱印帳。国指定重要文化財であり、霊宝館に収蔵されている快慶作の木造深沙大将[じんじゃだいしょう]立像(表表紙)と木造執金剛神[しゅこんごうしん]立像(裏表紙)が描かれたもの。世界的に活躍する日本画家・千住博画伯が金剛峯寺に奉納した襖絵「瀧図」を御朱印帳の表紙、「断崖図」を御朱印帳カバーに配したもの。ともに1500円

デザイン
いろいろ
＼お守りの袋／

柄がかわいい
お守り袋

古くなったお守りの袋と交換したり、お守り袋のないお守りを入れたりできる各種お守り袋を頒布。各200円
金剛峯寺：MAP／P.3-C3
壇上伽藍：MAP／P.3-B3

高野霊香は
ほのかな品の良い香り
高野山太子堂

高野山唯一のお香専門店。高野霊香は天然の香料で製造。
990円　MAP／P.2-D3

お願いに合わせて
＼チョイスしちゃおう♪／

身につけて開運
数珠屋四郎兵衛の数珠

右は開運数珠ストラップ1320円。左は金剛峯寺の平成の大修理で、壇上伽藍の根本大塔修復塗り替え工事の際に、根本大塔の創建当時の塗料を採集して彩色した根本大塔朱塗御念珠1260円
MAP／P.3-C3

壇上伽藍でしか買えない
お守り

諸願成就の大日如来と厄難清除の薬師如来のお守りは壇上伽藍の御供所で授与。
各500円　MAP／P.3-B3

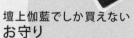

金剛峯寺から女人堂 MAP

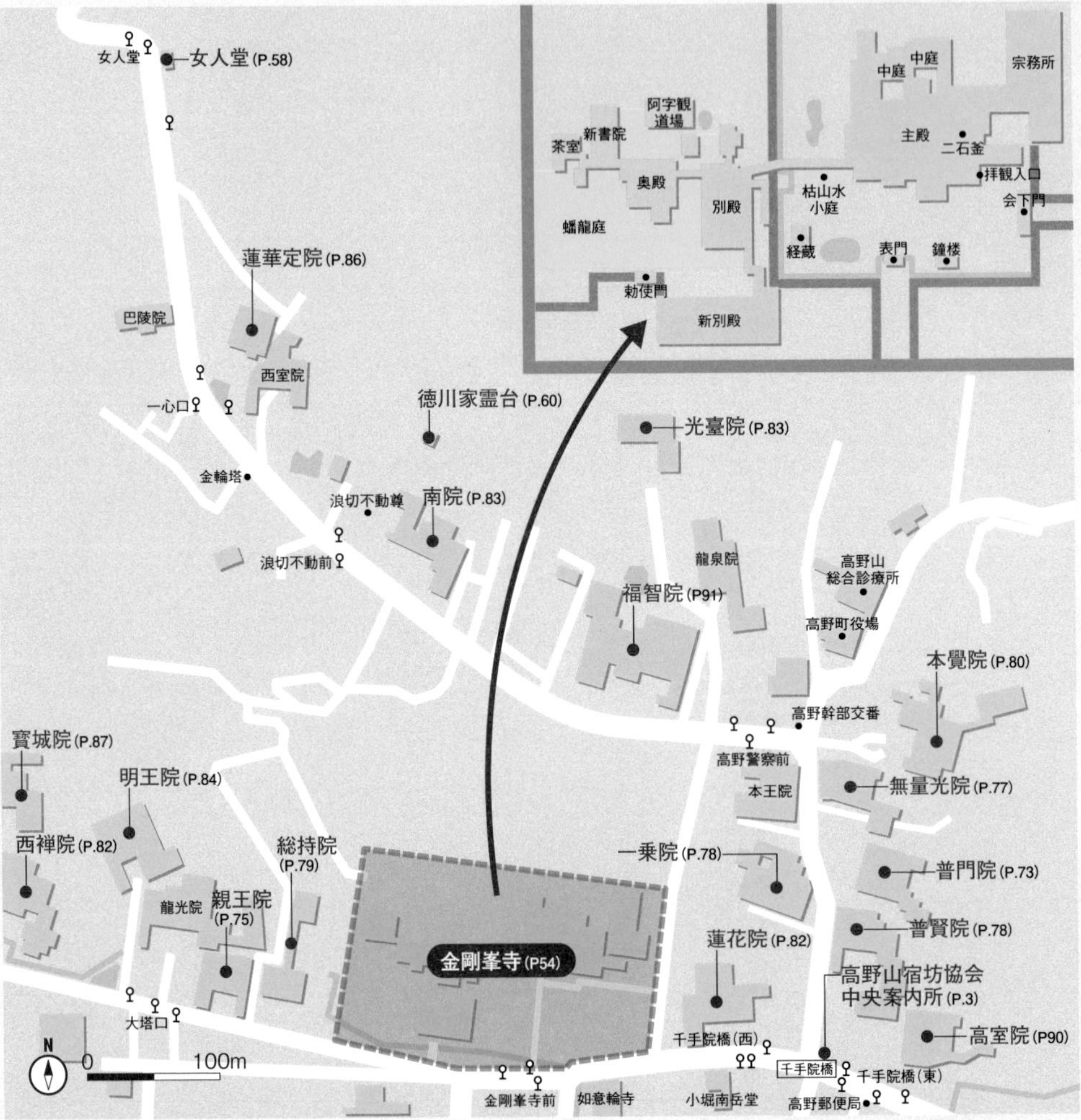

中庭
中庭
宗務所
阿字観道場
新書院
茶室
主殿
二石釜
拝観入口
奥殿
別殿
枯山水小庭
会下門
蟠龍庭
経蔵
表門
鐘楼
勅使門
新別殿
女人堂
女人堂(P.58)
蓮華定院(P.86)
巴陵院
西室院
一心口
徳川家霊台(P.60)
金輪塔
浪切不動尊
南院(P.83)
浪切不動前
光臺院(P.83)
龍泉院
高野山総合診療所
福智院(P91)
高野町役場
本覺院(P.80)
高野幹部交番
高野警察前
本王院
無量光院(P.77)
寶城院(P.87)
明王院(P.84)
西禅院(P.82)
総持院(P.79)
一乗院(P.78)
普門院(P.73)
龍光院
親王院(P.75)
普賢院(P.78)
金剛峯寺(P54)
蓮花院(P.82)
高野山宿坊協会中央案内所(P.3)
大塔口
高室院(P90)
千手院橋(西)
N
0
100m
千手院橋
千手院橋(東)
金剛峯寺前
如意輪寺
小堀南岳堂
高野郵便局

歴史を語る建物をゆっくりめぐる

金剛峯寺は全国約3600ヵ寺、信徒約1000万人に及ぶ高野山真言宗の総本山です。金剛峯寺から徳川家霊台までは500mほど、その300mほど先に女人堂があります。徒歩でも十分巡拝できる距離です。のんびり散策しましょう。

お天気がよければ
女人堂まで
お散歩しよう

金剛峯寺

新別殿には169畳という大広間があり、自由に休憩ができます。お茶もあるので疲れたらひと休み。

女人堂

不動坂口に唯一残っている女人堂。新緑や紅葉もきれいです。お堂の正面にはお竹地蔵尊が祀られています。

徳川家霊台

徳川家康と秀忠の廟所。非公開の内部は金箔で輝き、蒔絵や金具などで華麗な装飾がされています。

よく歩いたから
千手院橋に戻って
お茶だワン

高野山真言宗3600ヵ寺の総本山

金剛峯寺【こんごうぶじ】

緩やかな傾斜の石段の上には簡素ながら風格のある正門が立っています。門を入ると目の前には檜皮葺の大屋根を持つ大主殿が広がります。大主殿は東西約60m、南北約70mと壮大な建物。豊臣秀吉が亡母の菩提を弔うために建立したのが最初で、文久2（1862）年に再建されたものです。その当時は青巌寺と呼ばれていましたが、明治時代になり隣接していた興山寺と統合され、金剛峯寺と改名しました。

ところで金剛峯寺の境内は高野山全域、これを「一山境内地」と言います。では本堂はどこでしょう。この大きな大主殿と思われがちですが違

正門は文久2（1862）年に再建されたもの

2月の常楽会や4月の花祭りなど、重要な儀式や法要が行われる大広間。雲谷派の襖絵が見事

大主殿には大玄関、その隣りに小玄関があり、大玄関は天皇・皇族、高野山重職だけが出入りを許されていた。大主殿を含む金剛峯寺本坊12棟は令和6（2024）年1月19日に国の重要文化財に指定された

高野山第二世伝燈国師真然大徳の堂舎

廊下を行くと三鈷杵の大きな彫刻が展示されている

います。本堂は壇上伽藍の金堂です。

大主殿の入口は向かって右側、靴を脱いで上がります。すぐに受付があり、御朱印はここで頂きます。3名ほどの職員の方が御朱印を書いています。御朱印を見るととても達筆です。

「きれいに書けるように毎

日、習練しています。ですから、御朱印帳に書くときは無心で筆を動かしています。」とのことでした。

受付から廊下を通り、大広間へ。広間の襖絵「群鶴図」は15～16世紀の狩野派のものと伝えられていましたが、江戸時代の斎藤等室による作品と確認されたそうです。金箔に松の緑、翼を広げる鶴の図は今も華麗な色彩を見せています。その先の「柳の間」は別名「秀次自刃の間」。豊臣秀吉の甥秀次が文禄４（１５９５）年に自害した場所です。ただし、建物は文久3年の再建です。

長い渡り廊下を行けば別殿、新別殿が並びます。新別殿の広間ではお茶の接待があり、疲れたらここでひと休み。別殿前の石庭が「蟠龍庭」です。面積２３４０㎡は国内最大級の広さ。１４０個もの花崗岩で表現されているのは、雲海のなかの雌雄の龍です。主殿に戻り、出口に向かう

蟠龍庭。花崗岩は大師の故郷四国産、白砂は京都のものが使用されている

上）台所。釜の上に祀られているのは守り神の三宝荒神。右）天皇・上皇の警護をしていた稚児の間。襖絵は狩野探斎と伝わる

と広い板の間の台所に出ます。大勢の僧侶の食事を賄ってきたことを物語るように大きなお釜が並び、水飲み場には絶えず透きとおった水が流れています。拝観は台所までで、ここから受付を通り外に出ます。

入口を入ってすぐにある受付。お守りや御朱印帳も販売している

高野山開創1200年の記念の年に、世界的に活躍する日本画家の千住博氏が奉納した襖絵。囲炉裏の間では全長25メートルを越す「瀧図」（上）、茶の間には全長16メートルを越す「断崖図」（下）が一般公開されている

①高野山奉拝＋高野山　②梵字ユ＋遍照金剛　③梵字ユの弥勒菩薩を表す印　④金剛峯寺　⑤高野山金剛峯寺之印

DATA

住所／和歌山県伊都郡高野町高野山132
交通／山内バス金剛峯寺前バス停
拝観／8時30分～17時（16時30分拝観受付終了）
拝観料／1000円
MAP／P.3-C3
www.koyasan.or.jp

お堂には女性の祈りが籠ってます！

女人堂【にょにんどう】

その昔、高野山は女人禁制でした。つまり女性は山内に入ることが禁じられていたのです。

高野山には高野七口（→P.17）という7つの参詣路がありますが、女性は下界と神聖な山内との結界（境界地点）からは立ち入り禁止。そこで七口の結界それぞれに女性が籠って祈りを捧げるための女人堂が建てられたのでした。

さらに女性たちは女人堂から女人堂へと山道を辿り、木の間越しに見える伽藍や奥之院に手を合わせることもしていました。その道は高野山の外周をぐるりと一周する道となり、女人道と呼ばれるようになります。

現存する唯一の女人堂。本尊大日如来が、弁財天、神変大菩薩（役行者）とともに祀られている。令和6（2024）年3月4日に和歌山県指定文化財に指定された

DATA
住所／和歌山県伊都郡高野町高野山709
交通／山内バス女人堂バス停
拝観／8時30分～16時30分
拝観料／無料
MAP／P.3-B1

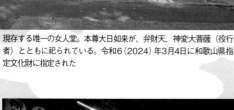

女人禁制が解かれたのは明治5（1872）年。女人堂もその役目を終え、いつしか一番大きかった不動坂口に建つお堂だけになってしまいました。

簡素な造りのお堂は周囲を高い樹木に囲まれてひっそりとたたずんでいます。

御朱印を書き終えた職員の方にお話をうかがいました。

「静かでしょう。11月には初雪が降ることもあるんですよ。このお堂にはやはり、女性のお参りが多いですね。真剣な表情で参拝している姿を見ると、かつて山内に入れなかった女性たちが、ここで故人の菩提を弔い、救いを求めるために一生懸命に拝んだ、いじらしい気持ちがわかるような気がします。ですから、御朱印を書くときにはいつも、参拝者の皆さんが幸せになりますようにとの願いを込めています」。

心が和む御朱印を頂きました。この女人堂からは女人堂跡を訪ねながら、女人道を歩く全長約11kmのハイキングコースが整備されています。

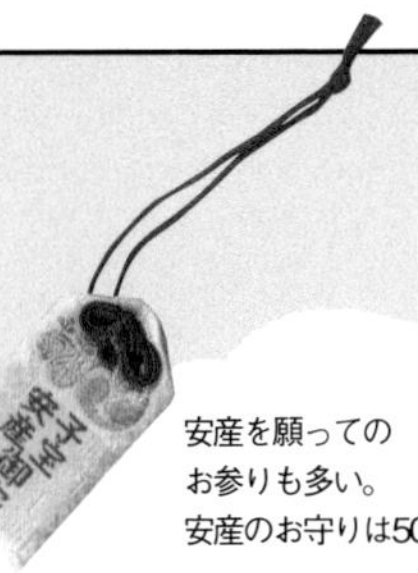

安産を願ってのお参りも多い。安産のお守りは500円

①髙野山旧跡奉拝+高野山　②弁財天　③宝珠の印　④女人堂　⑤高野山女人堂

①髙野山旧跡奉拝+高野山　②神変大菩薩　③宝珠の印　④女人堂　⑤高野山女人堂

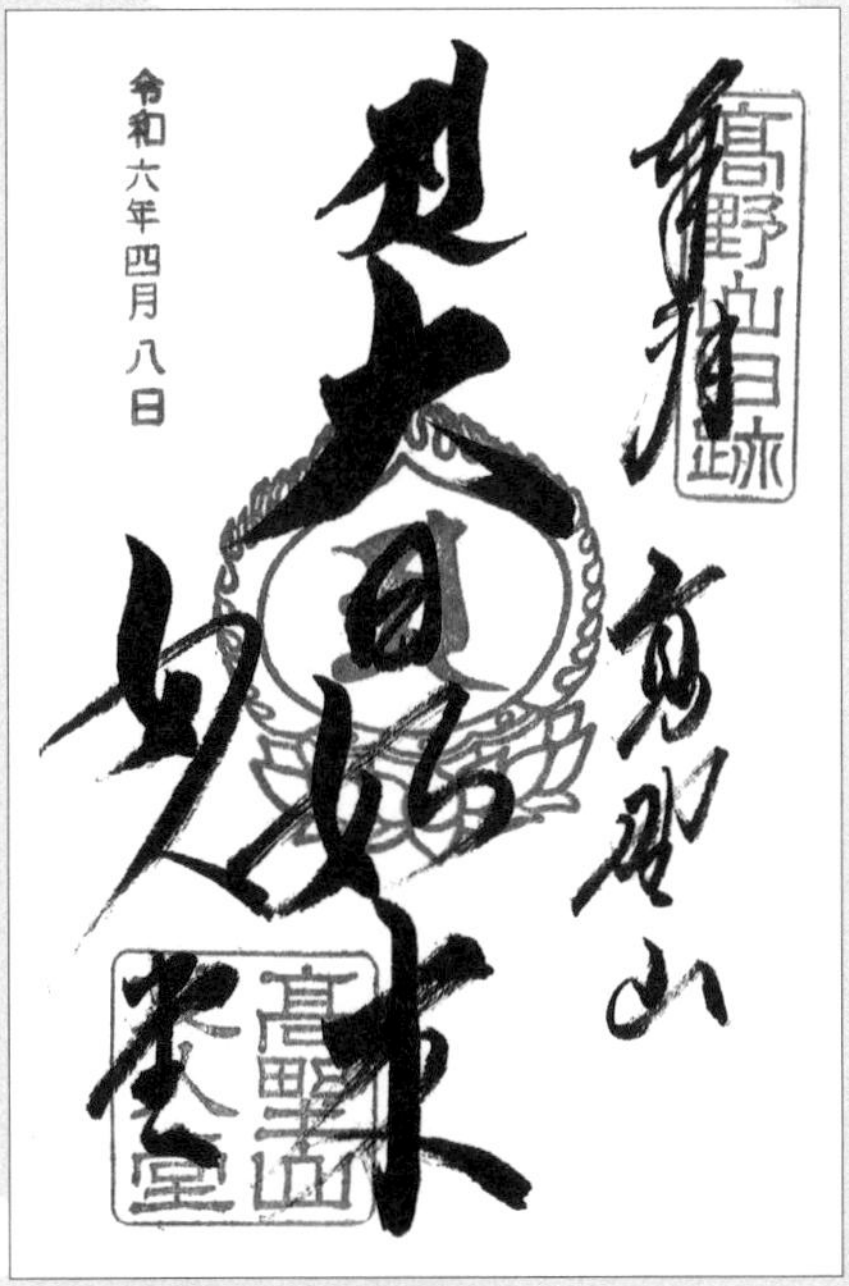

①高野山奉拝＋高野山　②梵字ア＋大日如来　③梵字アの大日如来を表す印　④女人堂　⑤高野山女人堂

将軍家にふさわしい厳かな風格

徳川家霊台【とくがわけれいだい】

奥之院には織田信長や豊臣秀吉ら武将の墓石が並びますが、徳川家康の墓所はありません。家康が祀られているのは金剛峯寺北側に位置する徳川家霊台です。

霊廟が建つ地には、かつて大徳院という徳川家と関係の深い大寺がありました。大徳院は霊廟造営を幕府に請願。三代将軍家光がこれを認可し、寛永20（1643）年、大徳院の境内に徳川家霊台は落成しました。

現在、残念ながら大徳院はなく、うっそうと茂る樹木を背景に霊廟が建つのみ。近くに大型の観光バスが止まることは少なく、厳かな静けさに満ちています。

霊廟は2棟で向かって右手が家康、左側が二代将軍秀忠のものです。ともに約6m四方の一重宝形造という建築様式で、江戸時代の代表的な霊廟建築物。一見するときらびやかな外観ではありませんが、目を凝らしてよく見てください。建物のそこかしこに唐獅子やボタンといった彫刻や飾り金具などで精緻な装飾が施されているのがわかるでしょう。まるで将軍家の威光を表しているようです。

内部は通常は非公開ですが、厨子は金銀蒔絵や細緻な飾金具で華やかに飾られているとのことです。

御朱印は受付で頂きます。葵の紋が中心に押され、堂々

受付から石段を数段あがると正面に2棟の霊廟が並ぶ。建造には10年の歳月がかかったとされる

とした御朱印です。

「徳川家康の肖像を見ると、どっしりとして、落ち着いた雰囲気が伝わってきます。家康らしい風格を御朱印で表現できればと思い、字は丸く、太く書いています。それでも、まだまだ思うような字にはなっていません。自分が理想とする字になるまで日々、精進ですね」と御朱印を書き終わった職員の方は話してくださいました。

徳川家霊台の受付。御朱印もこちらでお願いする

霊廟の彫刻は緻密かつ豪華。随所に徳川家の家紋葵の紋が見られる

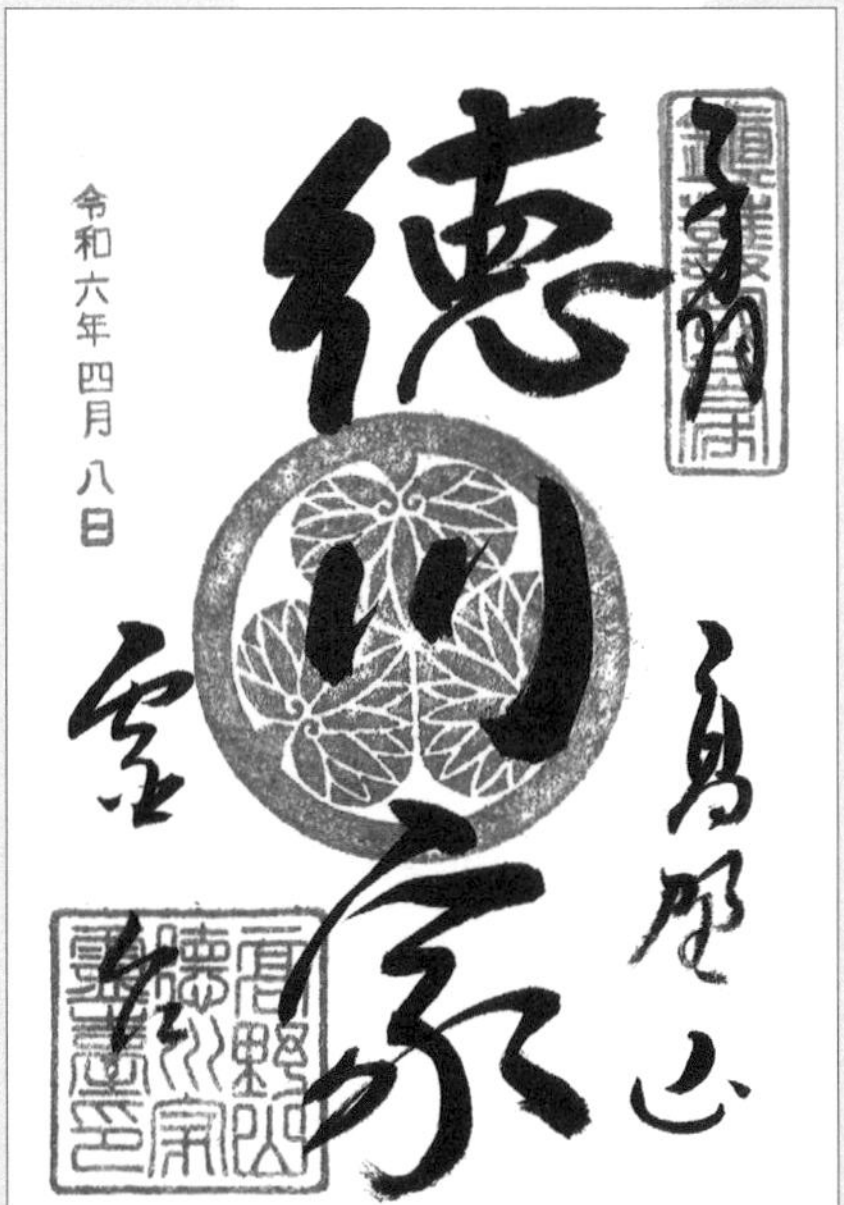
令和六年四月八日

①鎮護国家奉拝＋高野山　②徳川家　③葵の紋　④霊台
⑤高野山徳川家霊台印

霧って
ロマンティックね
そうだね

DATA

住所／和歌山県伊都郡高野町高野山682
交通／山内バス浪切不動前バス停より徒歩すぐ
拝観／8時30分～16時30分（16時10分拝観受付終了）
拝観料／200円
MAP／P.3-B2

高野山の不思議スポット その壱

落ち葉を拾って
福を呼び込もう

File 1 三鈷の松

弘法大師が留学先の唐から投げた三鈷杵という密教法具が、枝にかかり、光っていたという逸話のある松です。この松の葉は3つに分かれ、福を呼ぶお守りとして力を発揮するとか。落ち葉を拾う参拝者が多いです。

File 2 ヒノキの切株

この切株は開創1200年を記念して再建された中門に使われたヒノキ。樹齢374年の霊木でした。それが、今、パワースポットになっています。切株があるのは西塔の奥。立札があるのですぐわかります。

硬貨がいっぱい!

File 3 西行桜

三昧堂の前にあります。西行は久安5(1149)年頃、高野山に住み修行。治承元(1177)年に総持院の境内にあった三昧堂を壇上伽藍に移築・修造した際、その記念に桜を手植したと伝わります。桜は江戸時代に枯れて、現在の桜はその子孫といいます。

File 4 逆指しの藤

高野山は平安時代に荒廃した時期があります。祈親上人は高野山を再興しようと誓い、藤を逆さまに地面に差し、願をかけました。しばらくすると藤は芽吹き、同時に高野山も隆盛を取り戻したと伝わります。御影堂の後ろに藤棚があり、初夏に花を咲かせます。

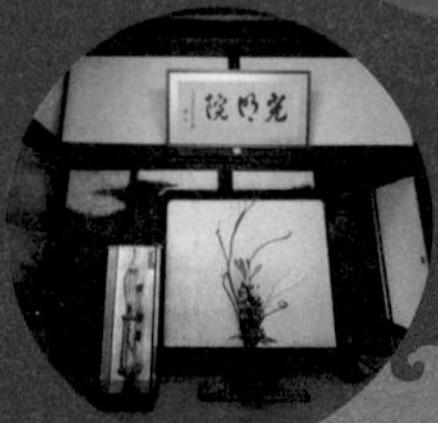

宿坊

高野山には１１７の寺院があり
そのうち51寺が宿坊として参詣者を迎えてくれます
もともと宿坊は僧侶の宿泊施設でした

なんと言っても精進料理がとっても楽しみ

大名や武将も泊まったことがあるんだって！

宿坊に泊まろう

朝勤行や修行体験で心がすっきり。
おいしい精進料理が楽しめるのも宿坊ならでは！

せっかく高野山を訪ねたのだから宿坊に泊まりたい。でも、宿坊って普通のホテルや旅館とどう違うの？ 中はどんな風になっているの？ そこで宿坊とはどんなところなのか、高野山でも評判の宿坊・恵光院を例に宿坊をご紹介します。

心得ておきたい宿泊マナー5

その1　大声で騒がない／客室は防音設備が万全ではない。飲酒はOKだが、夜遅くまで宴会はしないように
その2　時間を守る／夕食・朝食時間に遅れない。夜間の参拝に行っても門限は厳守
その3　朝勤行や修行体験では携帯電話の電源は切る／写真撮影も控えたい
その4　服装はTPOを心得る／決まりはないが、肌の露出が多い服装は避けたほうがいい。朝勤行に浴衣姿はダメ
その5　事前予約が原則／当日、宿泊したくなったら早い時間に宿坊協会へ相談

＊掲載内容はすべての宿坊にあてはまるものではありませんので、詳細については各宿坊にお問い合わせください

1～2名用のコンパクト和室

バス・トイレ付きの上級和室

板の間から庭を眺めてのんびりと

上級和室のトイレ

上級和室の浴室

客室

宿坊の多くは客室にバス・トイレは付いていません。バスタオル、歯ブラシ、浴衣などのアメニティはちゃんと完備しています。また、貴賓室、特別室、上級和室など、呼び方はさまざまですが、バス・トイレ付きのお部屋がある事もあります。

食事

宿坊でいただける食事はもちろん精進料理。 野菜たっぷりで、お腹いっぱいに食べても低カロリーでとってもヘルシーです。宿泊客以外にもランチタイムに精進料理を提供している宿坊もあります。

三の膳までついた豪華な料理

季節替わりの特別精進料理

2022年3月、恵光院に誕生した高野山最大級の宿坊スイートルーム、特別室「月輪」。100平米で広々とした空間で非日常のひとときを

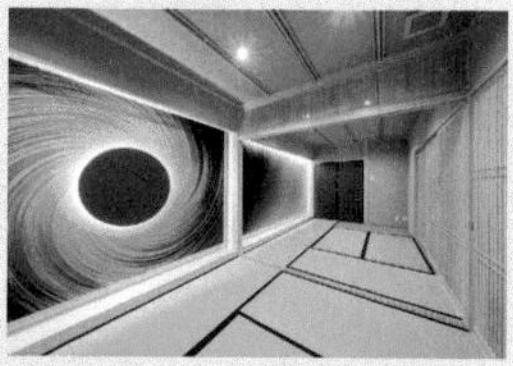

金沢箔の壁面アートを設置

ホテルにも納入される高級ベッド

月輪の半露天風呂

月輪のプライベートガーデン

共同スペース

宿坊にはよく手入れされた日本庭園があります。早朝の庭園は小鳥の声が聞こえ、空気が澄んでとてもさわやか。宿泊したらじっくり見てみましょう

ロビーにはパソコンコーナーがあり、自由に使用でき、プリントアウトも可能。館内では無線LANも利用できます。また、ソファに座ってお庭を眺めることも

共同のトイレと大浴場。トイレには温水洗浄便座もついています。大浴場は男湯・女湯に分かれています。

院内に飾られたアート。日本画家などから奉納された立派な襖絵などを間近で見ることができます

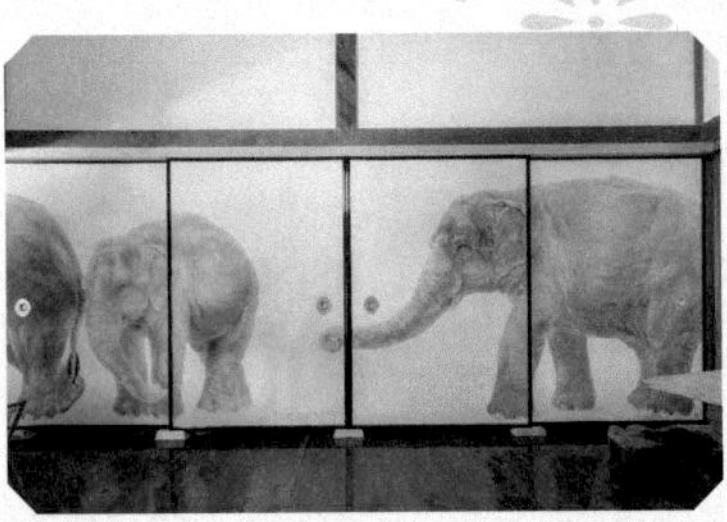

宿坊での過ごし方

宿坊

1日目

14:00～
チェックイン

チェックインは当日の14:00～17:30 頃、夕食時間頃までの宿坊が多くなっています。遅くなる場合は必ず連絡を。キャンセル扱いとなる場合もあります。

写経と阿字観瞑想

お部屋では忙しい日常を離れ、ゆっくりとした時間を過ごしましょう。写経もできます。穏やかな気持ちになったところで16:30からは宿坊の道場で阿字観という瞑想体験にチャレンジ。座り方、呼吸法をていねいに指導してくれます。

17:30～ 精進料理の夕食

だしも昆布で、魚や肉は一切使用しません。本膳形式の夕食はお坊さんが部屋まで運んでくれます。これがお目当てで泊まる人も多いとか。お酒もOKですよ！ 夕食はしっかりとしたボリュームもあります。

19:00～
奥之院ナイトツアー

昼間とは違う幻想的な夜の奥之院へ。食事の後は約2時間の奥之院ナイトツアーに参加してみましょう。写経を納めることもできます。

※ナイトツアーの集合場所は恵光院前ですが、ツアー申込先は株式会社AWESOME TOURSです。※宿泊する宿坊によって門限や浴室利用時間が異なりますので事前に確認しましょう。※ナイトツアー参加者の宿泊をお断りされている宿坊もあります。

21:00～
入浴・就寝

大浴場やお部屋のお風呂で入浴。翌日に備えましょう。

2日目

7:00～
朝のお勤めと護摩祈祷

7:00から本堂で勤行後、7:30から毘沙門堂で護摩祈祷に参加。自由参加ですが、早朝の勤行は宿坊ライフならでは。護摩祈祷では太鼓の音と燃え上がる炎が迫力満点。

10:00～
チェックアウト

朝食の精進料理をいただいて、支度を終えてチェックアウト。宿坊の御朱印も頂きましょう。これから参拝や観光をする場合は、荷物を預かってくれる宿坊もあります。

『写経』

お経を写す神聖な行為

お経を書き写すことを写経と言います。印刷などできなかった時代、経典を広めるためには写経しか方法はありませんでした。また仏の教えである経典を書き写すことは神聖な行為でもあったのです。ですから、写経の前には手を洗い、口をすすぎます。宿坊で写経するときも、手と口を清めましょう。写経は般若心経を写します。まず、写経用紙の前で合掌。筆記用具は筆ペンです。書き写すと言ってもお手本をなぞるので書道の心得がなくても大丈夫。一字一字、集中して書いていくと、雑念や悩みが消える瞬間があります。書き終えたあとは心が浄化されたような気持ちになりました。最後にお願い事(願意)、住所、氏名を書いて奉納します。

『阿字観』

弘法大師が伝えた瞑想法

「阿字観は真言宗独特の瞑想法です。阿は大日如来、すなわち宇宙を表しています。正面の阿字に精神を集中し、瞑想により自分は宇宙と一体であり、仏であるという心境にいたることを目指します」と恵光院住職の近藤説秀さんは説明してくれました。

修行体験では瞑想に必要な呼吸法「数息観」を教えてくれます。まず、座り方から。背筋を延ばし、胡坐をかくように座ります。ですから、ミニスカートはダメ。ゆったりした服装が最適です。手は印を結びます。目は半眼にして視線は1mほど先に落とします。

「では一緒に呼吸しましょう」。口から息を吐き、鼻から息を吸いますが、どちらも、深く、深く、ゆっくり、ゆっくり。腹式呼吸で行います。静かなこれを繰り返します。

数息観では1～10までゆっくり数えながら深呼吸する

阿字観の本尊。月輪のなかに梵字「阿」が書かれている

時間が流れ、徐々に雑念が消えていきます。体のなかから悪いものが、すっかり吐き出され、浄化された空気にどんどん満たされてゆくような心境になっていきました。

「雑念を払おうとか、無になろうとか思う必要はありません。リラックスして呼吸してください」。坐禅と異なり、雑念が湧いてもあるがままでよいそうです。ですから、坐禅のように警策という棒で打たれることはありません。

「数息観を終えると皆さんの顔が変わるんです。重荷をおろしたような晴れやかな顔つきになります」。

御住職の言うとおり、ストレスや悩みから開放されてとても穏やかな心になりました。

恵光院【えこういん】

弘法大師がこの地に五重塔を建てたのが最初。後に弟子の道昌僧都が庶民の回向を行ったことから回向院と呼ばれるようになりました。八代将軍徳川吉宗の命により恵光院と改称。本堂には本尊阿弥陀如来、毘沙門堂には大師作と伝えられる毘沙門天、大師が唐に渡ったとき、航海の安全を守ったという舵取り不動が祀られています。

玄関の前には落ち着いた庭園が広がる

奥之院入口の一の橋近くに位置。明智光秀の菩提寺でもある

平成弐拾七年九月拾六日

①無量寿奉拝＋高野山　②阿弥陀如来　③梵字キリークの阿弥陀如来を表す印　④恵光院　⑤高野山恵光院

平成弐拾七年九月拾六日

①ムカデ（毘沙門天のお遣い）の印奉拝＋高野山　②毘沙門天　③梵字バイの毘沙門天を表す印　④金剛院　⑤高野山金剛院

いつかは
泊まってみたい
スイートルーム

宿泊者無料の
阿字観体験が好評

DATA

住所／和歌山県伊都郡高野町高野山497
交通／山内バス苅萱堂前バス停より徒歩2分
拝観料／無料
MAP／P.2-D3
www.ekoin.jp/

光明院《こうみょういん》

後白河法皇の皇子円恵法親王の菩提を弔うため一寺を建て、長吏坊と号したのが始まり。文和元（1353）年、名称を光明院と改めました。戦国武将蜂須賀家との関係が深く、蜂須賀家代々の遺骨が納められ、本堂には位牌が並びます。その本堂は高野山では珍しい土蔵造りです。

①奉拝＋高野山　②梵字キリーク＋弥陀如来　③阿弥陀如来を表す印　④光明院　⑤高野山光明院

800余年の歴史をもち、数々の名画や美術工芸品を所蔵

120名収容可の大広間がある

DATA
住所／和歌山県伊都郡高野町高野山493
交通／山内バス苅萱堂前バス停より徒歩1分
拝観不可
MAP／P.2- D3
www.komyouin.jp/
※御朱印対応不可の場合あり

清浄心院《しょうじょうしんいん》

高野山内では金剛峯寺に次ぐ大きな寺院。奥之院に近く、静かな空気に包まれています。本尊廿日大師像は弘法大師の彫刻とされ、像の背後に「微雲管」と刻まれる秘仏。御開帳は毎年、縁日の4月20日のみ。境内に枝葉を広げる桜は傘桜と呼ばれ、豊臣秀吉が花見の宴を開いたという逸話が残る名木。今も華やかな花を咲かせます。

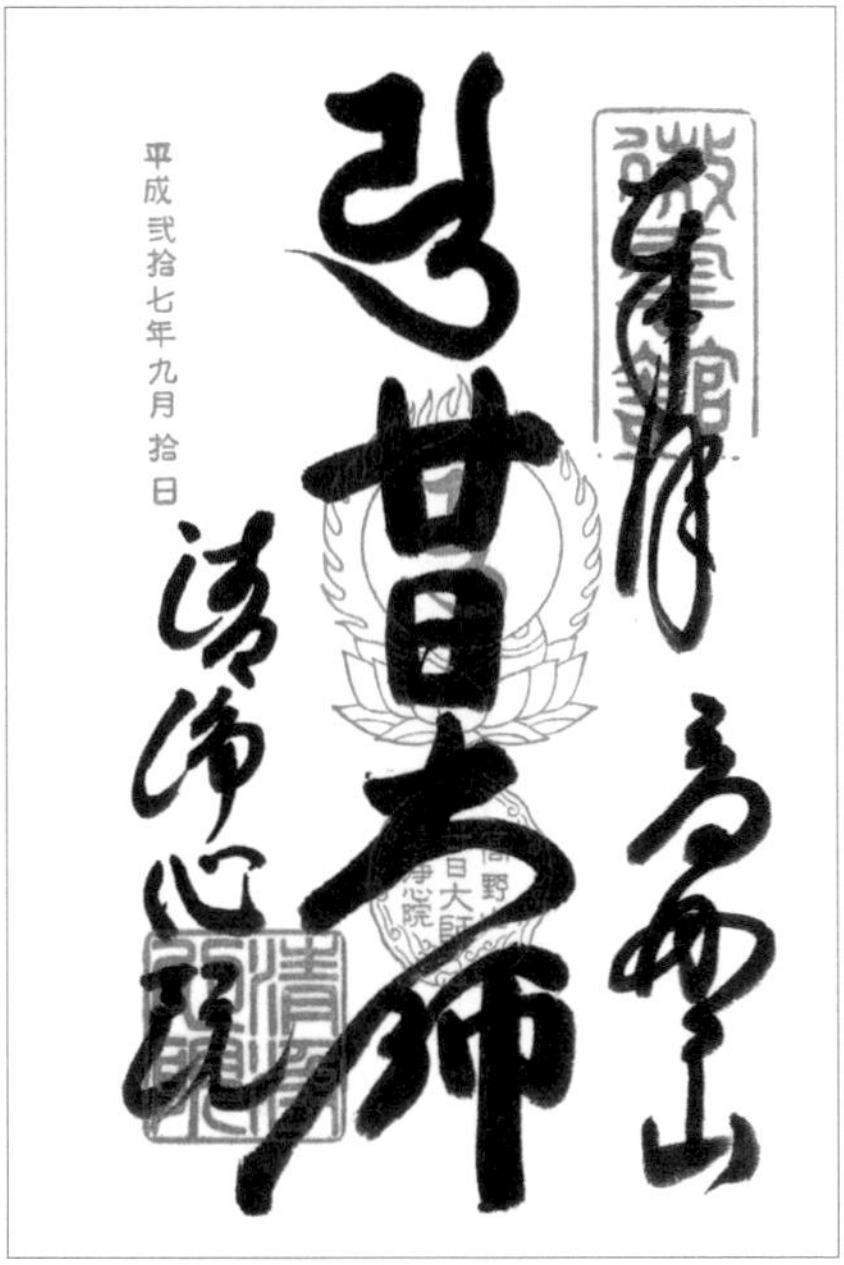

①微雲館奉拝＋高野山　②梵字ユ＋廿日大師　③梵字ユ高野山廿日大師浄土心院　④清浄心院　⑤清浄心院

天長年間（824～834年）、弘法大師の開創。上杉謙信の祈願所でもあった

御斎と呼ばれる伝統的な精進料理

DATA
住所／和歌山県伊都郡高野町高野山566
交通／山内バスーの橋口バス停より徒歩1分
拝観時間／11時・12時30分・16時の1日3回、13時から護摩行体験もあり
拝観料／1000円（護摩木付）
MAP／P.2-D3
shojoshinin.jp/

上池院【じょうちいん】

弘法大師が初めて高野山を訪れた際、一字を建立し、仮の住まいとしたのが始まりといいます。大師が中国留学から帰国時に持ち帰ったという密教の法具「九鈷杵」を所蔵、奈良国立博物館に出品しています。境内には大師ゆかりの沙羅双樹もあります。鎌倉時代には火災に遭い衰退しましたが、後深草天皇の勅願により再興しました。

①後深草天皇勅願時奉拝＋高野山　②梵字バン＋大日如来　③梵字バンの大日如来を表す印　④上池院　⑤高野山上池院之印

奥之院に近く、静かな環境。1000坪の庭園は池を配し、新緑、紅葉が見事

客室、大浴場は旅館同様の設備

DATA

住所／和歌山県伊都郡高野町高野山476
交通／山内バス苅萱堂前バス停より徒歩2分
拝観料／無料（拝観をお断りする場合もあり）
MAP／P.2-D3
www.koyasan-jyochiin.jp/

常喜院【じょうきいん】

山門をくぐると高さ4mものお地蔵様が迎えてくれます。本尊は重文指定の子安延命地蔵尊。毎年9月24日前後の「地蔵まつり」には露店が並び、大変なにぎわい。境内の地蔵堂には赤地蔵と呼ばれる「恵宝地蔵」、体の悪いところを治してくれる「さすり地蔵」、願い事を叶えてくれる「一願地蔵」を始め、多くの地蔵尊が祀られています。

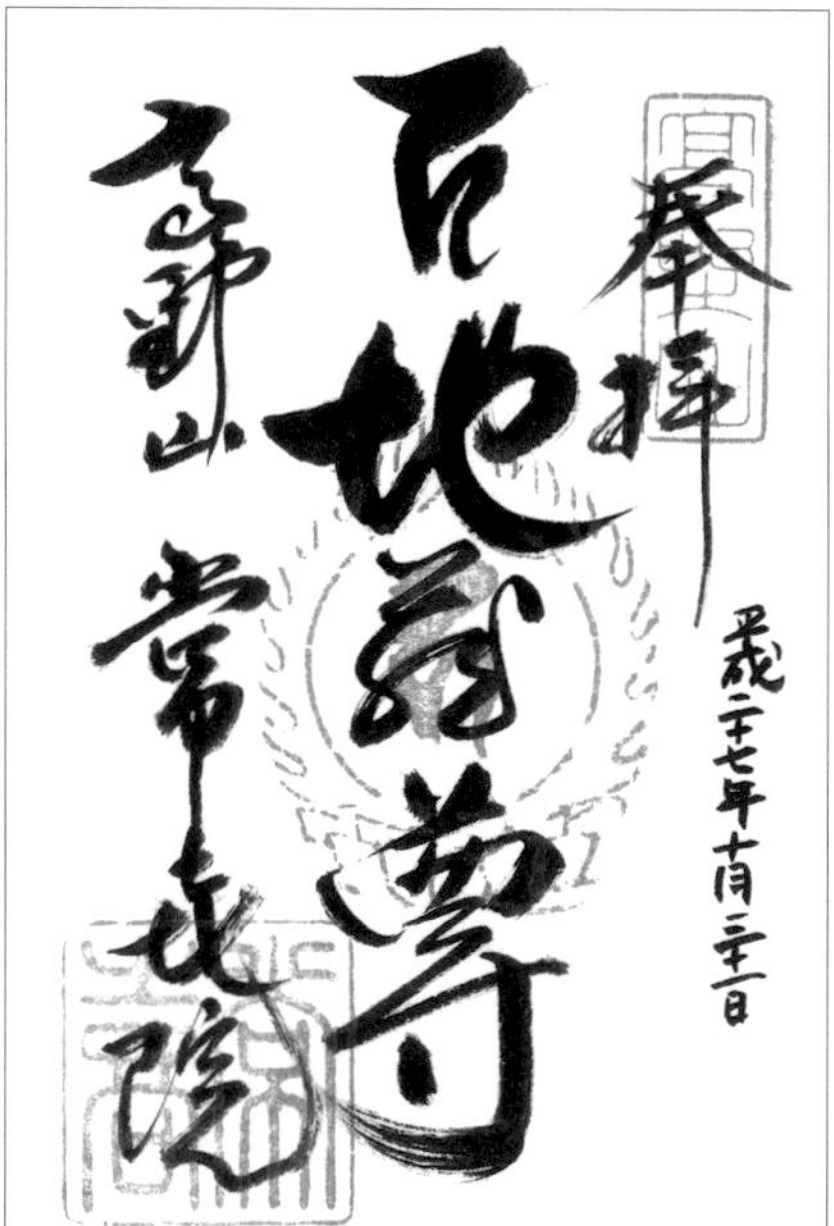

①高野山奉拝　②梵字 カ＋地蔵尊　③蓮華座に火炎宝珠を置き、宝珠に梵字 カの本尊子安延命地蔵尊を表す印　④高野山常喜院　⑤常喜

保元元（1156）年、心覚阿闍梨の再興。建物は江戸時代に焼失し、明治期に復興した

全館Wi-Fi接続対応
大広間あり

DATA

住所／和歌山県伊都郡高野町高野山365
交通／山内バス金剛峯寺前バス停より徒歩3分
拝観料／無料
MAP／P.3-B3
www.jo-kiin.com/

地蔵院【じぞういん】

開創は建久年間（1190〜1198）、開基は尊海《そんかい》阿闍梨《あじゃり》です。越前城主松平家、伊勢津城主藤堂家をはじめとする名城主の菩提寺となっています。歴史ある古刹ですが、昭和63（1988）年の火災で堂宇や地蔵菩薩立像などの寺宝を焼失。平成4（1991）年、防災設備が完備された近代的な建物に生まれ変わりました。

本堂には阿弥陀如来を安置。外観も設備も近代的な寺院

エレベーターあり
客室は完全個室

DATA
住所／和歌山県伊都郡高野町高野山573
交通／山内バス苅萱堂前バス停より徒歩すぐ
拝観料／無料
MAP／P.2-D3

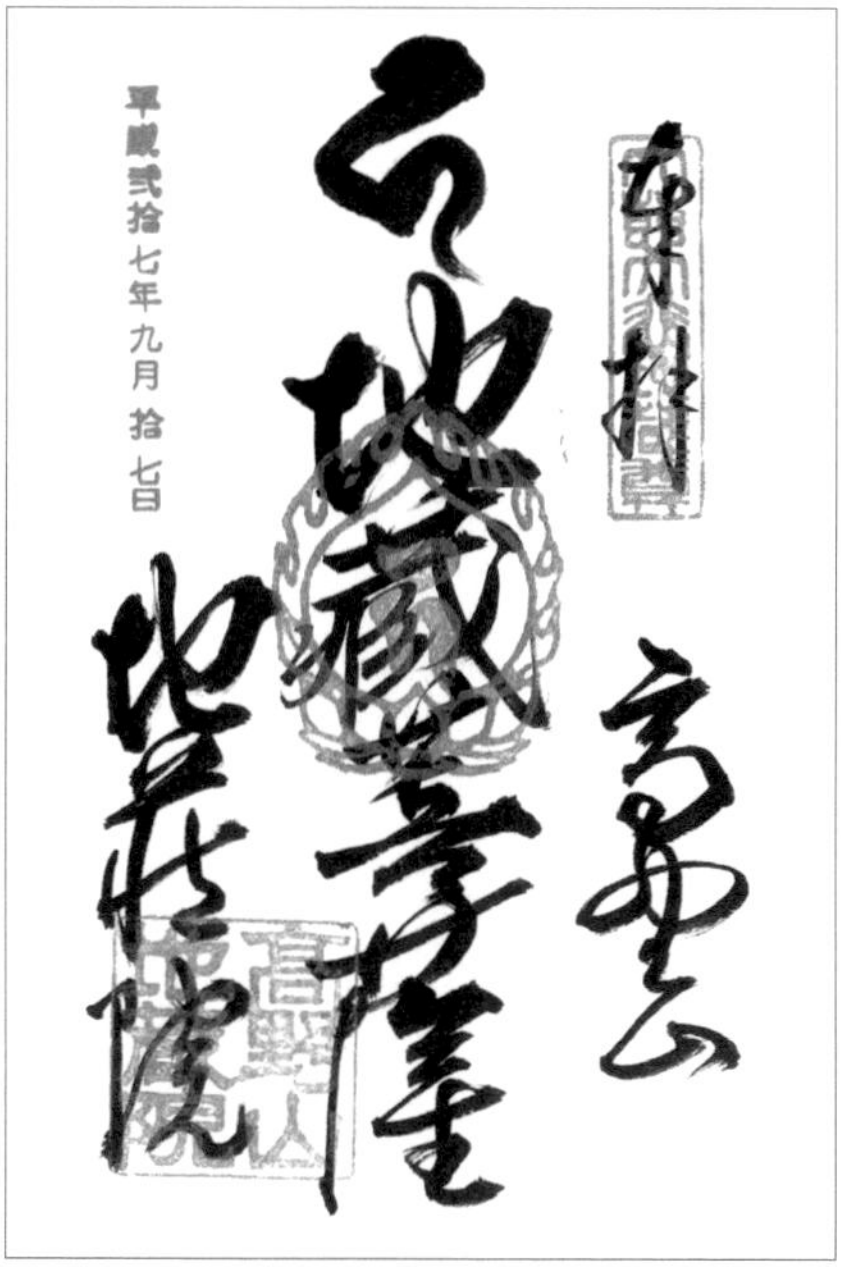

①大慈大悲地蔵尊奉拝＋高野山　②梵字カ＋地蔵菩薩　③梵字カの地蔵菩薩を表す印　④地蔵院　⑤高野山地蔵院

普門院【ふもんいん】

弘法大師の師範である勤操大徳が天長元（825）年に開創。大師は慈悲深い高僧だった大徳に多くの影響を受けたとされ、大師が追悼文を書いた大徳の肖像画が伝わっています。本尊の大日如来は普門万徳の大日如来と言われ、それが寺名の由来です。枯滝の石組が配された庭園は小堀遠州作で高野山随一の名園とされます。

本堂は高野山内の徳川家霊台にあった古い拝殿を移築したもの

ベッドルーム付き
洋室が5部屋ある

DATA
住所／和歌山県伊都郡高野町高野山608
交通／山内バス高野警察前バス停より徒歩2分
庭園拝観は宿泊者のみ
MAP／P.3-C2
www.fumonin.or.jp/

①開基勤操大徳奉拝＋高野山　②梵字ア＋大日如来　③大日如来を表す梵字アーンクの印　④普門院　⑤高野山普門院

①高野山霊場第六十四番奉拝＋高野山　②大悲殿　③梵字キャの十一面観音を表す印　④赤松院　⑤高野山蓮花谷赤松院

赤松院【せきしょういん】

延長元（923）年の開創。山本坊と称されていましたが、鎌倉時代に赤松則村が住職を務めたことから、赤松家の菩提寺となり、赤松院と改称。江戸時代には細川家、有馬家の菩提所となり、現在の本尊である十一面観音像が祀られました。左甚五郎作の木彫りの虎が残る上段の間、南天の床柱を配した茶室を備えています。

入口の楼門には金剛力士像2体を安置。夜はライトアップされる

仁王像を安置する
山門は宿坊唯一

DATA
住所／和歌山県伊都郡高野町高野山571
交通／山内バス一の橋口バス停より徒歩１分
拝観料／無料
MAP／P.2-D3
www.sekishoin.jp/

①瑜祇密定奉拝＋高野山　②本尊阿弥陀如来　③梵字キリークの阿弥陀如来を表す印　④西門院　⑤紀伊國高野山西門院

西門院【さいもんいん】

900年以上の歴史をもつ古刹です。創建当時は釈迦院といっていましたが、鎌倉時代、後堀川帝の皇后西中御門院があつい信仰を寄せ、西門院と改称しました。天正年間（1573～93）には豊臣秀吉の支援を受けていたと伝わります。本尊は源信僧都作とされる阿弥陀如来。役小角作という不動明王も本堂に祀られています。

開基は教懐上人。鎌倉時代には後鳥羽帝の皇子道守法印が閑居した

特製の手作り
胡麻豆腐が美味

DATA
住所／和歌山県伊都郡高野町高野山447
交通／山内バス小田原通りバス停より徒歩1分
拝観料／無料※建物内は拝観不可
MAP／P.3-C3
www.saimonin.com/

親王院

【しんのういん】

平城天皇の第三皇子であり、弘法大師十大弟子のひとり真如親王が開基。親王は御影堂に祀られている弘法大師の姿を描いた高僧として有名です。上段の間に描かれた襖絵は江戸時代後期、仙台藩御用絵師として活躍した狩野派菊田伊洲作。本堂は350年前の蔵造りで電気がなく、燈明の明かりだけで勤行を行っています。

①真如親王御遺跡奉拝＋高野山　②梵字カーン＋不動明王　③梵字アの大日如来を表す印　④親王院　⑤梵字の印＋高野山親王院

本尊不動明王は円珍作で9世紀のもの。重要文化財に指定されている

本堂は高野山
最古の建築様式

DATA
住所／和歌山県伊都郡高野町高野山144
交通／山内バス金剛峯寺前バス停より徒歩3分
拝観料／無料（要予約）
MAP／P.3-B3

不動院

【ふどういん】

にぎやかな一般道から離れた西谷の自然に囲まれ、静かな環境のなかにあります。創建は延喜7（906）年、山階宮家の菩提寺でもあり、山階別院とも呼ばれます。鳥羽天皇の皇后美福門院が紺《こん》金泥《こんでい》阿弥陀経《あみだきょう》、阿弥陀三尊《あみださんぞん》を奉納するなど皇室との縁が深い名刹です。本堂には弘法大師彫像の不動尊が安置されています。

①高野山西谷奉拝＋高野山　②不動明王　③梵字カンマンの不動明王を表す印　④不動院　⑤不動院印

安土桃山時代の庫裏や見事な襖絵の上段の間、蔵書数百冊の図書館などがある

御朱印の書き手に
よって書体に違いあり

DATA
住所／和歌山県伊都郡高野町高野山456
交通／山内バス蓮花谷バス停より徒歩すぐ
拝観料／無料
MAP／P.2-D3
www.fudouin.or.jp/

増福院【ぞうふくいん】

①第八番第九番高野山霊場奉拝　②本尊愛染明王　③梵字アの胎蔵界大日如来、梵字カーンの不動明王、梵字ユの弥勒菩薩の三尊印　④高野山増福院　⑤増福院版

創建は平安時代中期。ご本尊は愛染明王です。また、愛染明王と不動明王が合体したお姿である合体明王という珍しい仏様の掛け軸も本堂に飾られています。鎌倉時代の僧覚海が神通力を得て山門前の杉から天に昇ったとの伝承があり、この話をもとに谷崎潤一郎は『覚海大徳の昇天』を書いています。

霊宝館のすぐ目の前に位置

静かな環境のなかに建つ。愛染霊場第十番札所でもある

DATA
住所／和歌山県伊都郡高野町高野山339
交通／山内バス霊宝館前バス停より徒歩すぐ
拝観料／一般拝観不可
MAP／P.3-B3

大明王院【だいみょうおういん】

①由緒不明奉拝＋高野山　②大聖不動明王　③梵字カーンの不動明王を表す印　④大明王院　⑤高野山大明王院

延久年間（1069〜1074）に住僧道雲大徳が中興し、弘法大師作の不動明王を祀りました。この不動明王が本尊「大聖不動明王」です。秘仏として非公開なので厨子の前には前仏の不動明王が祀られ、毎月28日の不動明王縁日には護摩祈祷が行われています。境内の本願院には本尊として阿弥陀如来が安置されています。

予約で昼食に各種精進料理が味わえる

奥之院入口の一の橋近くに位置。本堂は国宝の不動堂を参考に再建

DATA
住所／和歌山県伊都郡高野町高野山482
交通／山内バス苅萱堂前バス停より徒歩2分
拝観は宿泊・食事利用者のみ
MAP:P.2 D-3
daimyooin.s601.xrea.com/

無量光院【むりょうこういん】

平安時代、白河法皇の第4皇子覚法親王が創建。本尊阿弥陀如来は無量光如来とも呼ばれるため、この寺名となりました。戦国時代には併設する悉地院の住職が織田信長に従軍、その縁で浅野・池田・毛利家等の帰依を受けています。元禄年間には大石内蔵助が主君浅野内匠頭の墓石を建立、その後、討ち入りを果たしたと伝わります。

宿泊予約は直接電話で申し込みを

①高野霊蹟四十六番高野霊蹟四十七番奉拝　②梵字キリーク＋阿弥陀如来　③梵字キリークの阿弥陀如来を表す印　④高野山無量光院　⑤高野山無量光院

朝勤行では毎日、読経、声明、護摩修行が行われる

DATA

住所／和歌山県伊都郡高野町高野山611
交通／山内バス高野警察前バス停より徒歩すぐ
拝観料／無料
MAP／P.3-C2
muryokoin.net/

持明院【じみょういん】

約９００年の歴史を誇り、京極家、武田家など名だたる戦国大名を檀家としていました。格式ある寺院らしく境内は６６００㎡という広さ。十数棟の堂宇が並び、貴重な仏像、仏画、経典を収蔵しています。庭園ではシダレザクラ、ボタン、シャクナゲ、スイレン、秋の紅葉と四季の花々が楽しめます。本尊は延命地蔵尊です。

①真誉大徳開創奉拝＋高野山　②梵字カ＋延命地蔵尊　③梵字カの地蔵尊を表す印　④持明院　⑤高野山小坂坊持明院

鳥羽天皇の保安年間（1120〜1123年）に持明房真誉大徳が開山した古刹

どの客室からも庭園が望める

DATA

住所／和歌山県伊都郡高野町高野山455
交通／山内バス蓮花谷バス停より徒歩1分
拝観は宿泊・ご回向の方のみ
MAP／P.2-D3
jimyoin-koyasan.com

普賢院【ふげんいん】

御朱印の「普賢大士」は弘法大師の十大弟子のひとり華厳寺道雄が作り、大師が点眼したと伝わる本尊普賢菩薩のこと。山門を入ると樹齢300年以上というサルスベリが茂り、夏には赤い花が鮮やか。俳人松尾芭蕉が訪れた寺でもあり、芭蕉像を安置する芭蕉堂がありまず。東照大権現社の門を移築した四脚門は彫刻が華麗な重要文化財。

①胎蔵界大日如来の梵字ア・金剛界大日如来の梵字バン・金剛薩埵菩薩の梵字ウン奉拝＋高野山　②本尊普賢大士　③梵字ウンの印　④普賢院　⑤高野山普賢院

朱色と白の建物は摩尼殿。地下にはネパールから請来した仏舎利が祀られている

200名収容可能な研修道場を有する

DATA

住所／和歌山県伊都郡高野町高野山605
交通／山内バス千手院橋バス停より徒歩すぐ
拝観料／無料（要予約）
MAP／P.3-C3
www.fugen-in.com/

一乗院【いちじょういん】

創建の年号は記録が焼失して不詳ですが、平安時代初期と思われます。また、戦国武将直江兼続の次男清融《せいゆう》阿闍梨《あじゃり》が、江戸時代初期まで第14代住職を務めたとの記録があります。阿闍梨の母が寄進した三十三観音像は今も寺宝として大切に保管されています。本尊阿弥勒菩薩像は詳細が不明ですが鎌倉時代の作と推測されます。

①第五拾番奉拝＋高野山　②梵字ユ＋弥勒尊　③梵字ユの弥勒菩薩を表す印　④一乗院　⑤高野山一乗院

1500坪の境内には本堂を中心に庭園、明神堂、奥書院などがある

手作りにこだわった四季の精進料理が好評

DATA

住所／和歌山県伊都郡高野町高野山606
交通／山内バス高野警察前バス停より徒歩すぐ
宿泊者・昼食者以外の拝観不可
MAP／P.3-C2
www.itijyoin.or.jp/

遍照尊院【へんじょうそんいん】

弘法大師が修行した遍照ヶ岡に創建されたのが、両界大日如来を本尊とする遍照尊院です。江戸時代には津軽家との檀縁が深く、その関係の文献画像などを数多く所蔵。本堂は弘法大師御入定一一〇〇年御遠忌記念の年に再興し、その後、令和5(2023)年の弘法大師御誕生一二五〇年記念の年には本堂地下に本格納骨堂の遍照閣が完成しています。

古代檜と高野槇の広い浴槽が好評

本堂の胎蔵界大日如来像は弘法大師の手彫りと伝わる

DATA
住所／和歌山県伊都郡高野町高野山303
交通／山内バス霊宝館前バス停より徒歩1分
拝観料／無料
※御朱印の対応ができない場合あり
MAP／P.3-B3
www.henson583.com/

①高野山霊場奉拝　②梵字バン＋本尊大日如来　③梵字バンの大日如来を表す印　④高野山　遍照尊院　⑤高野山準別格本山遍照尊院院主之印

総持院【そうじいん】

平安時代の久安年間(1145～1150)に、高野山28代目の山主《さんしゅ》行恵聰持坊《ぎょうえそうじぼう》が創建。当時は壇上伽藍にありましたが、後代に、現在地である金剛峯寺の西隣に移りました。肥後細川家、美作亀井家、伊勢土方家、伊達石見家などの諸大名が檀家となっています。覚法親王御陵を借景とした枯山水の庭園が荘厳なたたずまいに彩りを添えています。

客室からは庭園や坪庭が望める

境内には樹齢1000年を誇る登龍藤があり、白い花を咲かせる

DATA
住所／和歌山県伊都郡高野町高野山143
交通／山内バス金剛峯寺前バス停より徒歩2分
宿泊者以外の拝観不可
MAP／P.3-B3
www.soujiin.or.jp/

①高野山霊場奉拝＋高野山　②無量寿如来　③弥陀三尊を表す印　④総持院　⑤高野山総持院之印

宝善院【ほうぜんいん】

高野山の地主神である丹生都比売を祭祀する丹生家ゆかりの寺。元は丹生院と称していました。小堀遠州作と伝わる鶴亀式庭園は高野山では最古とされます。蓬莱山を中心に左右に亀島、鶴島が配された見事な庭園です。本尊は宝観音と呼ばれる観世音菩薩、ほかに阿弥陀三尊像を安置しています。高野七福神めぐりの札所です。

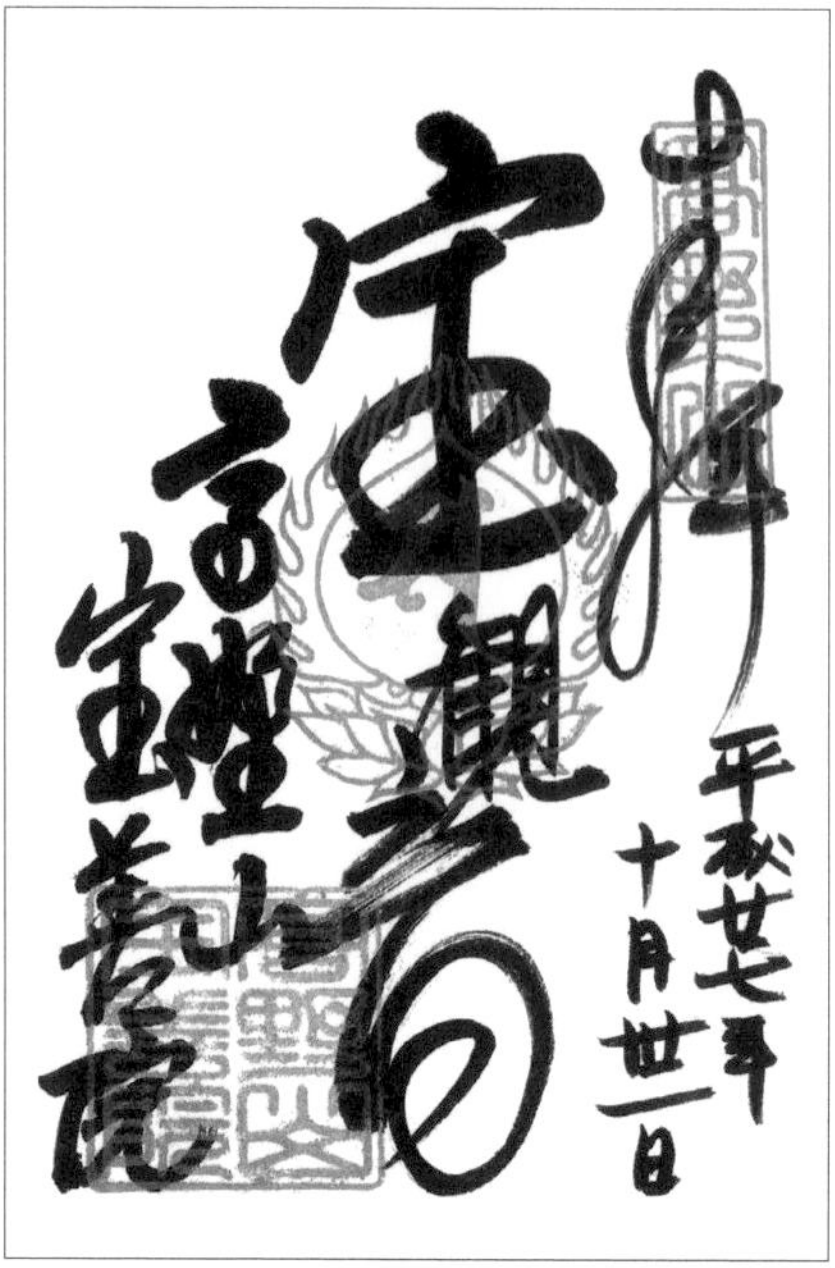

①高野山＋奉拝　高野山　②宝観音　③梵字サの聖観音菩薩を表す印　④高野山宝善院　⑤高野山宝善院

奥之院の表参道入口に位置。七福神の寿老人、福禄寿も祀っている

独自のいろは御膳は昼食に最適（要予約）

DATA

住所／和歌山県伊都郡高野町高野山568
交通／山内バスーの橋口バス停より徒歩1分
拝観料／無料（要事前連絡）
MAP／P.2-D3
www.osk.3web.ne.jp/

本覺院【ほんがくいん】

寺伝によれば本覺院が建つ場所は弘法大師が自作の地蔵尊を安置したところ。本尊は平安時代の高僧円珍が作ったとされる不動明王です。本堂に残された天井絵は江戸時代のもの。今も鮮やかな色彩を留めています。池泉庭園のほかに昭和の名作庭家重森三玲が設計した苔庭では見事な石組みが鑑賞できます。

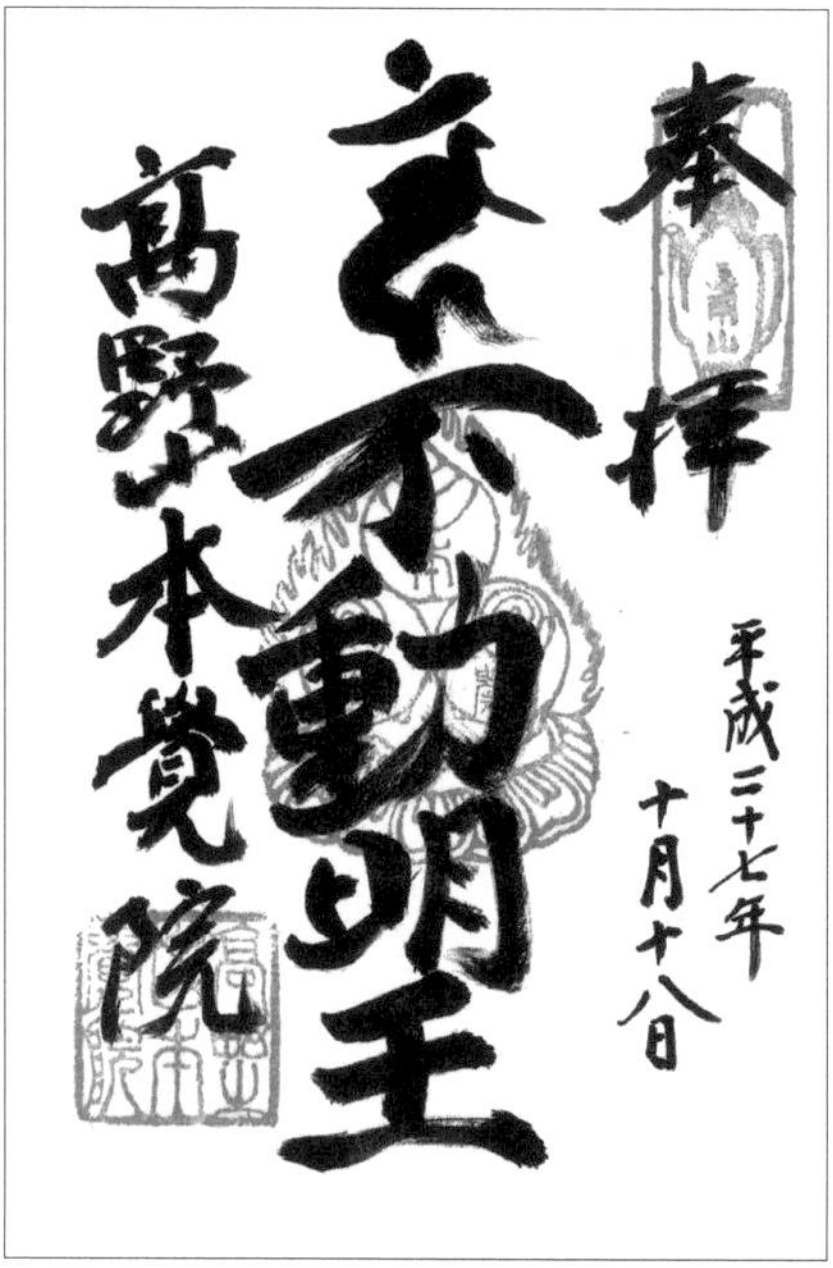

①宝瓶の印奉拝　②梵字カーン＋不動明王　③三弁宝珠の印　④高野山本覺院　⑤高野山本覺院

文人との関わりが多く、江戸時代には狩野探幽が滞在したという

庭園に囲まれた静かな客室です

DATA

住所／和歌山県伊都郡高野町高野山618
交通／山内バス高野警察前バス停より徒歩2分
拝観は宿泊者のみ
MAP／P.3-C2
www.hongakuin.jp/

安養院【あんにょういん】

鎌倉時代末期、融通念仏宗《ゆうずうねんぶつしゅう》の中興の祖である法明上人《ほうみょうしょうにん》が約10年間滞在し、修行道場としたとの記録があります。天正年間（1573〜1592）には毛利輝元の帰依を受け、毛利家の菩提寺となりました。灌頂造の本堂には毛利家の位牌が並び、重要文化財の本尊金剛界大日如来、脇侍に不動明王と愛染明王が祀られています。

閑静な環境
参拝に便利な立地

①瑜祇閣＋奉拝　②大日如来　③五仏の宝冠（大日如来が身に付ける冠）の印　④安養院　⑤長州毛利公菩提寺紀伊國高野山安養院

境内には毛利家ゆかりの五輪塔がある。桜、シャクナゲが美しい

DATA
住所／和歌山県伊都郡高野町高野山412
交通／山内バス千手院橋バス停より徒歩３分
拝観料／無料
※御朱印の対応ができない場合あり
MAP:P.3-C3
www.annyouin.com/
※御朱印の字体は書き手によって変わります

こんなお店に地元の人は集まってます
高野山の夜

高野山の夜は早いです。ほとんどの人が宿坊で夕食を取る夕方18時にはもう静かになってしまいます。

では町に居酒屋などがないのかというと……そんなことはありません。堂々と赤提灯がともっています。訪ねてみるとお食事処味家《みや》さんがありました。店内はテーブルとカウンター席、合わせて20人はちょっと無理かなという規模です。メニューは魚も肉料理も豊富で、しかも、すごいボリュームです。

お客さんは高野大学の学生、お坊さん、サラリーマン、そして観光客もちらほら。外国人の姿もありました。席と席とが近いので、当然、会話が聞こえてきます。宿坊のあり方を議論しているグループ、クラブ活動帰りらしい学生たち、店内は地元の人たちの熱気が満ちて、外の静けさが嘘のようです。スナックも数軒ありますよ。

インバウンド観光客にも人気で予約必須
MAP／P.2-D3

蓮花院【れんげいん】

千手院橋の近く、金剛峯寺の東隣に位置します。高野山開創と同時期の創建です。室町時代中期には徳川家の始祖である松平親氏が檀家となり、その縁で徳川家の総菩提寺となっています。本堂には家康の念持仏だった薬師瑠璃光如来や家康・秀忠像をはじめ、徳川家歴代将軍の位牌などが祀られています。

①高野山霊場奉拝高野山　②梵字キリーク＋阿弥陀如来　③宝印　④蓮花院　⑤高野山蓮花院

徳川将軍、徳川御三家、松平氏の菩提を弔う古刹

改装したての客室がきれい

DATA

住所／和歌山県伊都郡高野町高野山399
交通／山内バス千手院橋バス停より徒歩すぐ
宿泊・食事利用以外の参拝は要相談
MAP／P.3-C3

西禅院【さいぜんいん】

壇上伽藍の近くにあり、根本大塔や金堂、御影堂が見え、夜にはライトアップされた風景が望めます。かつて親鸞聖人が修行したという歴史があり、本堂には聖人自作とされる尊像が安置されています。昭和25（1950）年前後に重森三玲が作庭した庭園が3つあり、国の登録記念物に指定されています。

①高野山奉拝＋高野山　②梵字キリーク＋阿弥陀如来　③梵字キリークの阿弥陀如来を表す印　④西禅院　⑤高野山西禅院之印璽

門前に立つ亀の背にのった表札が目印。石畳を上ると大玄関がある

客室から大塔の屋根が見えます

DATA

住所／和歌山県伊都郡高野町高野山154
交通／山内バス金剛峯寺前バス停より徒歩5分
宿泊・食事利用以外の参拝は要相談
MAP／P.3-B3
www.koya.or.jp/

①浪切不動明王奉拝＋高野山　②梵字カーン＋浪切不動　③梵字カーンの不動明王を表す印　④弘法大師御守本尊南院⑤高野山別格本山南院印

南院【なんいん】

東大寺の南院に住んでいた子島《こじま》真興《しんごう》僧都《そうず》が建立。本尊の浪切不動尊は弘法大師の自作で、大師が唐からの帰国途上、海上の波を鎮めたと伝わります。最初は壇上伽藍山王院に安置されていましたが、平安時代に南院に移されました。秘仏で毎年6月28日のみに開帳されます。近畿三十六不動尊結願の寺院です。

徳川家霊台に近く、広大な敷地をもつ。裏庭に茂る、朴ノ木は樹齢300年

浴槽は樹齢500年の高野槇を使用。快適！

DATA
住所／和歌山県伊都郡高野町高野山680
交通／山内バス浪切不動前バス停より徒歩すぐ
拝観料／無料
MAP／P.3-C2
koyananin.com/

①白河法皇御念持佛奉拝＋高野御室　②梵字キリーク＋阿弥陀三尊　③梵字キリークの阿弥陀如来を表す印　④光臺院　⑤高野山光臺院

光臺院【こうだいいん】

白河天皇第4皇子覚法親王が建立。以来、27代にわたり、歴代の親王が参籠したことから、高野御室とも呼ばれる格式ある名刹です。阿弥陀如来、脇侍に勢至菩薩と観音菩薩像を従える本尊阿弥陀三尊像は快慶最晩年の傑作とされ、重要文化財に指定されています。高野山の八峰を表現する、重森三玲作の庭園があります。

約900年前の創建。高野山で最も北側に位置する

杉の大木に囲まれとても静かな環境

DATA
住所／和歌山県伊都郡高野町高野山649
交通／山内バス高野警察前バス停より徒歩2分
拝観料／無料（要予約）
MAP／P.3-C2

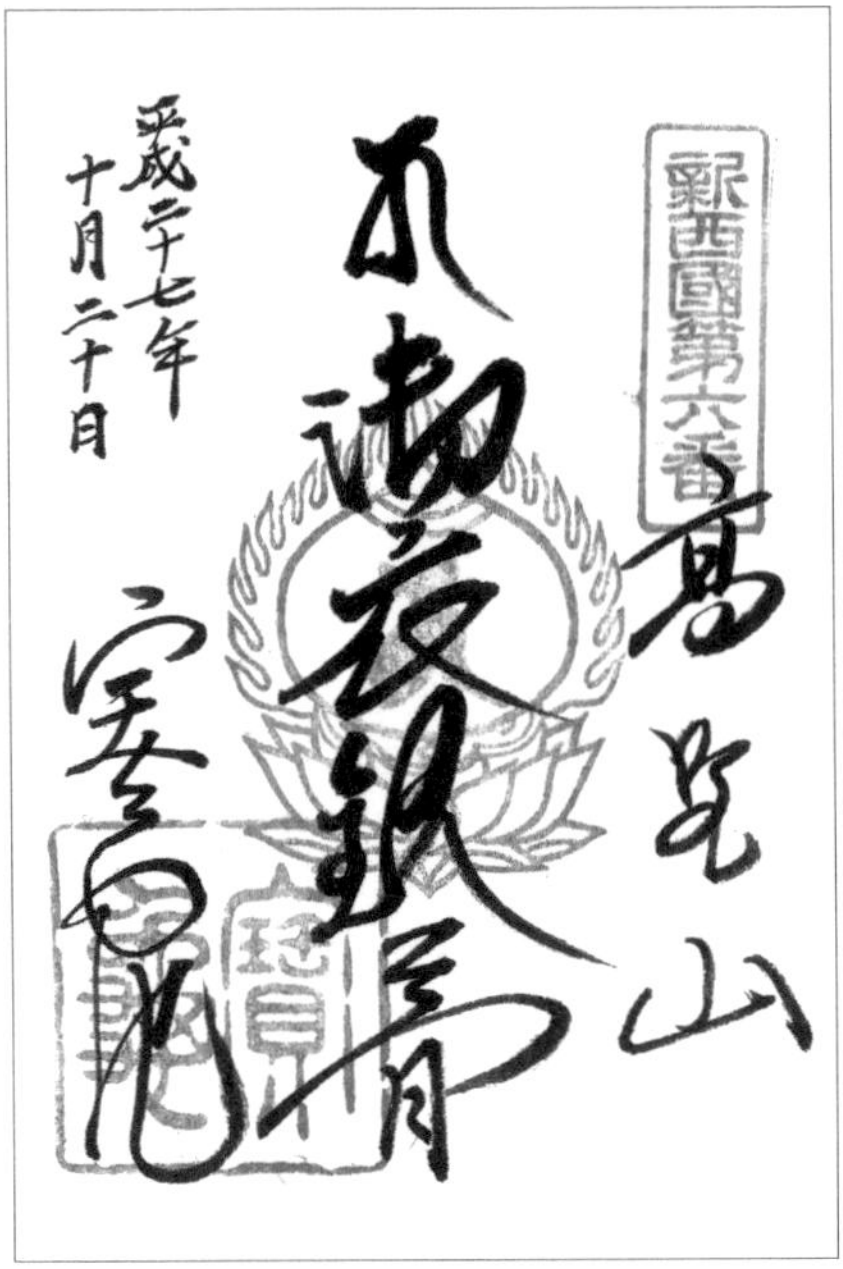

①新西国第六番高野山　②梵字キャ＋御衣観音　③梵字キャの十一面観音を表す印　④宝亀院　⑤寶亀

宝亀院【ほうきいん】

延喜21（921）年、醍醐天皇の勅願により観賢僧正が創建。毎年3月21日に行われる「お衣替えの儀式」で廟所の弘法大師に献上する衣を作っています。衣は境内に湧く霊泉「お衣井戸」の水と薬草を染料にして伝統的な手法で染色し仕立てたもの。本尊は弘法大師作と伝わる十一面観音、新西国霊場第6番札所です。

山門を入って左側にある小さなお堂が霊泉。堂内の拝観もできる

宿坊のお風呂や料理は霊泉の水を使用

DATA
住所／和歌山県伊都郡高野町高野山294
交通／山内バス金堂前バス停より徒歩1分
拝観料／無料
MAP／P.3-B3

①近畿第三十五番奉拝　②本尊不動明王　③梵字カンマンの不動明王を表す印　④明王院　⑤高野山別格本山明王院

明王院【みょうおういん】

弘仁7（816）年開創という古刹です。本尊の赤不動明王は赤い体の不動明王と二人の童子が描かれた画幅。弘法大師の甥智証大師円珍が描いたとされ、後醍醐天皇の守り本尊でもあったと伝わります。秘仏として通常は非公開ですが、毎年4月28日に開帳されます。境内の堂宇は昭和になってからの再建です。

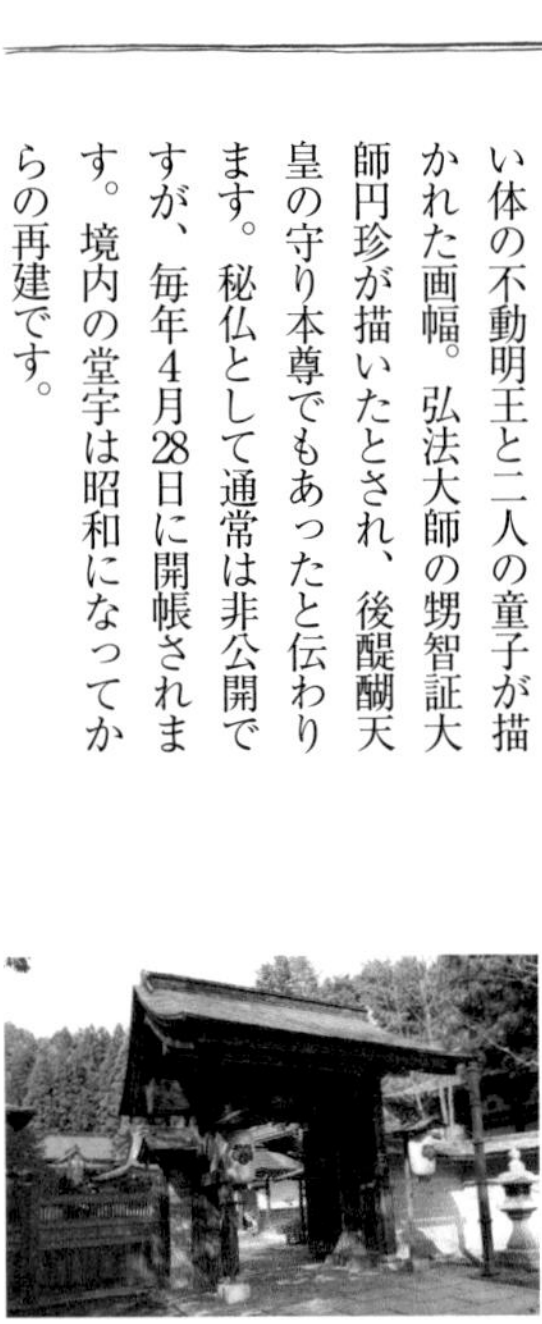

境内には200種以上の茶花や草花が四季折々に花を咲かせる

御影石や高野槙のお風呂が好評

DATA
住所／和歌山県伊都郡高野町高野山146
交通／山内バス金剛峯寺前バス停より徒歩5分
拝観料／無料
MAP／P.3-B2
www.acala.jpn.org/

高野山七福神めぐり

七福神を参拝すれば７つの御利益が授かります

七福神めぐりは江戸時代から各地で盛んにおこなわれるようになりました。七福神をすべて参拝すれば罪業が払われ、開運や招福の御利益があるとされています。

高野山にも七福神が祀られ、年間を通して七福神めぐりが楽しめます。七福神が祀られているのは4つの寺院。

本覺院に弁財天、本覺院境内の西生院に大黒天、恵光院の毘沙門堂には毘沙門天、熊谷寺持寶院に恵比須と布袋尊、宝善院奥之寺に寿老人と福禄寿が安置されています。

めぐり方はまず千手院橋バス停から北に歩き本覺院へ。次にここから、バス停に戻り、２００ｍほど東に歩けば恵光院。熊谷寺、宝善院はすぐそばにあります。歩く距離は合わせて2㎞もないので、気軽に散策しながら参拝できます。地図は宿坊協会中央案内所にあります。七福神用色紙は七福神の寺院ならどこでも入手可能。

それぞれの御朱印の説明

① 七福神名
② 印の説明
③ 寺院名

一
①弁財天
②三弁宝珠の印
③本覺院

二
①大黒天
②西生院
③西生院

三
①寿老人
②寿老人・宝・寿老人のお遣いシカの印
③宝善院

四
①福禄寿
②七難即滅七福即生
③奥之寺

五
①毘沙門天
②毘沙門天のお遣いムカデの印・梵字ベイの毘沙門天を表す印
③恵光院

六
①恵比須
②羯磨《かつま》と帰命三宝
③持寶院

七
①布袋尊
②布袋尊の持つ団扇
③熊谷寺

①弘法大師御吟奉拝　②梵字カーン＋柿不動尊　③梵字カーンの不動尊を表す印　④高野山　遍照光院　⑤高野山別格本山遍照光院

遍照光院【へんじょうこういん】

天長9（832）年、弘法大師の創建で白河上皇が高野山参詣の際には御座所となった格式ある寺院です。武蔵坊弁慶の父、熊野別当湛増が上皇の命で修築したとの記録も残っています。本尊柿不動尊は大師作とされ、ほかに快慶作の阿弥陀如来立像も祀られています。池大雅が描いた山水襖絵は今も華やかな色彩が残り、国宝に指定されています。

全客室に洗面・洋式トイレ付き　Wi-Fi完備

山門は京都御所の建春門と同じ格式ある造り。本坊は江戸期の建築

DATA
住所／和歌山県伊都郡高野町高野山575
交通／山内バス蓮花谷バス停より徒歩1分
一般拝観不可
MAP／P.2-D3

①真田六文銭の印奉拝＋高野山　②梵字キリーク＋阿弥陀如来　③梵字キリークの阿弥陀如来を表す印　④真田坊　蓮華定院　⑤高野山蓮華定院

蓮華定院【れんげじょういん】

鎌倉時代の初め行勝上人《ぎょうしょうしょうにん》により創建されました。関ヶ原の戦いで敗走し、蟄居を命じられた真田昌幸・幸村親子が身を寄せた寺です。境内には徳川家に仕え、松代藩祖となった真田信之系列の墓所があります。上段の間は幸村が滞在した部屋で、火事で焼失したものの、ほぼ当時のままの造りを再現されています。

豪華な襖絵や調度品　格式の高さを感じる

真田家ゆかりの寺院らしく、家紋の六文銭が随所にみられる

DATA
住所／和歌山県伊都郡高野町高野山700
交通／山内バス一心口バス停より徒歩すぐ
拝観料／宿泊客以外の拝観は要相談
MAP／P.3-B2

寶城院【ほうじょういん】

高野山の中心、根本大塔に近い高台に位置。約870年前に創建された後白河法皇ゆかりの古刹です。元閑院宮家の菩提所で、重要文化財に指定された秘宝の弁財天をはじめ、数多くの歴史的文化財を収蔵。書院や大広間には見事な襖絵があり、簡素ななかにも雅な雰囲気が感じられます。季節ごとに表情を変える静かな庭園には心が和みます。

①龍華閣奉拝＋高野山　②梵字バン＋大日如来　③梵字ユの印　④寶城院　⑤高野山寶城院

古刹にふさわしい山門。夜にはライトアップされた大塔が室内から見える

客室から大塔のライトアップが見える

DATA
住所／和歌山県伊都郡高野町高野山156
交通／山内バス金剛峯寺前バス停より徒歩6分
拝観料／無料
MAP／P.3-B2
www.hojo-in.com/

密厳院【みつごんいん】

平安時代後期、高野山の中興を試み、真言宗の一派新義真言宗を開いた興教大師《こうぎょうだいし》を開基とする古刹です。本堂には弘法大師像とともに興教大師像が安置されています。創建当時の堂宇は焼失し、現在の建物は昭和6（1931）年の改築。池が広がる静かな庭園があり、山門脇には同院が管理する苅萱堂が建っています。

①興教大師御住坊奉拝＋高野山　②梵字バン＋大日如来　③梵字バンの大日如来を表す印　④密厳院　⑤高野山密厳院

金剛峯寺と奥之院のほぼ中央に位置

庭園に面した静かな客室で寛げる

DATA
住所／和歌山県伊都郡高野町高野山478
交通／山内バス苅萱堂前バス停より徒歩すぐ
拝観料／無料
MAP／P.2-D3
※拝観は宿坊の宿泊者のみ

地蔵尊に親子の愛情と絆を思う

苅萱堂【かるかやどう】

奥之院に向かう途中に建つ。このお堂で苅萱道心と息子石童丸が師弟として修行したと伝わる

「苅萱堂に残る物語は絶つことができない親子の絆を今に伝える悲話です。お堂の中には物語を彫刻画にした額が掛けられています。ゆっくり額を見て、親子の愛情について考えていただければうれしいですね。御朱印にも、そんな気持ちを込めているんですよ」とお堂の方は語ります。

　では苅萱堂の物語とはどのような話でしょうか？

　苅萱道心は妻と側室の醜い嫉妬心を知り、世の無常を感じて出家。高野山に籠り修行しています。彼の息子石童丸は母とともに父を訪ね、麓に辿り着きましたが、高野山は女人禁制。石童丸は母を残し、父に会いに行くのですが、父は修行中で対面はかないません。仕方なく母のもとに戻ると母は旅の疲れで亡き人に。石童丸は再び高野山に入り、苅萱堂で師について修行します。その師こそ、実は父の苅萱道心だったのです。

　堂内には本尊の「引導地蔵」が祀られています。子育て、病気平癒、合格祈願等々、さまざまなお願いを聞いてくれるそうです。もちろん良縁祈願も。

　哀話が残るお堂ですが、参拝後は気持ちがあたたかくなりました。

物語を描いた額はケヤキの一枚板を彫って制作された。幕末期に残されていた絵を下絵にしている

ロウソクに願いを込めて火をともす

DATA

住所／和歌山県伊都郡高野町高野山478
交通／山内バス苅萱堂前バス停
拝観／8時～17時
拝観料／無料
MAP／P.2-D3

①苅萱石童丸史跡奉拝＋高野山　②梵字カ＋地蔵尊
③梵字カの地蔵尊を表す印　④苅萱堂　⑤高野山苅萱堂

毎月24日限定で左上に苅萱道心と石童丸の印が入った御朱印が頂ける

高室院【たかむろいん】

鎌倉時代、村上天皇の血統を引く房海僧正により開創されました。戦国時代には豊臣・徳川の小田原攻めに敗れた小田原城主北条氏直が蟄居。以後は北条家の菩提寺として小田原坊とも呼ばれるようになりました。寺宝として行基作の本尊薬師如来、弘法大師が描いたという大威徳明王影などがあります。

町の中央に位置。紀伊之国十三佛霊場第十一番札所でもある

寺院らしい落ち着いた雰囲気

①西国薬師第十一番奉拝＋高野山　②本尊薬師如来　③梵字バイの薬師如来を表す印　④高室院　⑤高野山智恵門高室院

①紀伊之国十三佛霊場第十一番奉拝＋高野山　②梵字ウン＋阿閦如来　③梵字ウンの阿閦如来を表す印　④高室院　⑤高野山智恵門高室院

町の中央に位置
広い駐車場あり

DATA

住所／和歌山県伊都郡高野町高野山599
交通／山内バス千手院橋バス停より徒歩すぐ
拝観料／無料
MAP／P.3-C3

三寶院【さんぼういん】

弘法大師の母玉依御前ゆかりの古刹は「紅葉《もみじ》三寶院」と謡曲にうたわれた庭の美しさで知られます。本堂に祀られている北面大師は、横を向いた珍しい姿で鎌倉時代の仏師・運慶作と伝えられています。御朱印の「つまむぎの酒」は、冬、寒さ厳しい高野山のわが子大師を気遣い、薬代わりに籾を爪で剥ぎ、造ったお酒です。

①弘法大師おんはは　つまむぎの酒奉拝＋高野山
②梵字ユ＋北面大師　③宝珠
④三寶院高祖院　⑤高野山三寶院

建造物は元禄８（1695）年。無数の吊り灯篭がある本堂は荘厳な佇まい

滝が落ちる庭園を眺めてくつろげる

DATA
住所／和歌山県伊都郡高野町高野山580
交通／山内バス蓮花谷バス停より徒歩1分
拝観予約制
MAP／P.2-D3
www.sanboin.com/

福智院【ふくちいん】

８００余年前、覚印阿闍梨により開創された古刹です。本尊は愛染明王で古くから、円満所願成就の御利益があるとして信仰を集めてきました。本堂は総ケヤキ造りの落ち着いたたたずまい。境内には昭和を代表する作庭家重森三玲が手がけた３つの庭園があります。井伊家ほか大名ゆかりの遺品、奈良時代の古美術品なども収蔵。

①本尊愛染明王奉拝＋高野山　②梵字ウン＋愛染明王
③梵字ウンの愛染明王を表す印　④福智院　⑤高野山福智院之印章

西国愛染十七霊場第16番札所。山門を入ると左側に愛染庭、本堂がある

境内には高野山唯一の天然温泉が湧いています！

DATA
住所／和歌山県伊都郡高野町高野山657
交通／山内バス高野警察前バス停より徒歩
拝観のみ不可
MAP／P.3-C2
fukuchiin.com/

源氏の武将熊谷直実ゆかりの寺

熊谷寺【くまがいじ】

予約で精進料理の昼食も楽しめます

古刹らしい構えの山門。高野七福神の札所でもあり、布袋尊像と恵比須像を安置

山門をくぐり、正面玄関を入ると不動明王を中心にずらりと並んだ八大童子が迎えてくれます。

創建は承和4（837）年、桓武天皇の皇子葛原親王の御願により、弘法大師の孫弟子にあたる真隆《しんりゅう》阿闍梨《あじゃり》が開いたと伝わります。当時は智識院と称していました。それが熊谷寺と呼ばれるようになったのは鎌倉時代になり、源氏の武将熊谷直実が長く逗留し、念仏修行を行ったからです。

直実は源平合戦の悲惨さに無常を感じて出家し、法然の弟子になります。建久元（1190）年、自分が討ち果たした平敦盛の七回忌に際し、この寺に逗留し、位牌・石塔を建てるなどして敦盛の菩提を弔いました。それから14年間、寺に滞在し、日々、念仏に専心します。建仁元（1201）年には法然上人、親鸞聖人を招き、源平両者の

広い駐車場があり、宿坊としても人気

阿弥陀如来、法然上人、親鸞聖人、熊谷直実が祀られている

DATA
住所／和歌山県伊都郡高野町高野山501
交通／山内バス苅萱堂前バス停より徒歩3分
拝観料／無料
MAP／P.2-D3
www.kumagaiji.jp/

戦死者供養を盛大に行っています。

直実が承元2（1208）年9月に没すると、息子直家は父の遺言に従い、堂宇を改修、法要を営みます。これが将軍源実朝の知るところとなり、実朝は「熊谷寺」と書いた扁額を寄進。この扁額寄進を機に熊谷寺と名をあらためたのです。

その後、建長4（1264）年、親鸞聖人の三回忌には、聖人の遺骨が納められたと伝わります。

創建当時の堂宇は明治21（1888）年に起こった高野山の大火で焼失。現在の諸堂は、明治以降に再建されたものです。

圓光堂には不動明王も祀られ、護摩堂も兼ねている

①一念弥陀佛奉拝＋高野山　②梵字キリーク＋阿弥陀如来　③羯磨と帰命三宝の印　④熊谷寺　⑤熊谷寶閣

①法然上人番外札所奉拝＋高野山　②圓光大師　③圓光大師見真大師熊谷蓮生　④円光堂　⑤高野山熊谷寺納経所

愛染明王、政子や頼朝の位牌を祀る本堂。境内に咲くシャクナゲの古木は天然記念物

文化財の宝庫、世界遺産にも登録

金剛三昧院【こんごうさんまいいん】

参拝客や観光バスが行き来するメインストリートから南に入って行くと静けさのなかに金剛三昧院は建っています。山門に掲げられているのは「毘張尊《びちょうそん》」の額。毘張尊とは金剛三昧院の守り神天狗のこと。火災盗難除けの神様です。

山門の表札には寺名とともに「世界遺産」と書かれています。そうです、金剛三昧院は檀上伽藍、奥之院、金剛峯寺、大門、徳川家霊台とともに世界遺産に登録されている寺院なのです。

金剛三昧院は建暦元（1211）年、源義朝の菩提寺として建立された禅定院という寺院が前身です。貞応2（1223）年になり、北条政子は息子源実朝と源将軍家、そして北条家の菩提を弔うため寺院を拡大、名を金剛三昧院とあらためました。

高野山の寺院の多くは火災などで創建当時の姿を失っていますが、金剛三昧院は鎌倉時代の面影を色濃く残した名刹です。山門から境内に入ると正面に本堂、堂内には愛染明王が本尊として祀られています。

愛染明王はいかめしい憤怒の表情。頭には獅子の冠を頂いています。寺伝によれば政子が運慶に制作させたもので頼朝と等身大の大きさとか。良縁や安産を願う女性の参拝客が多いそうです。

境内の左側に建つのが国宝の多宝塔です。高さ約15m、貞応2（1223）年の建立で高野山では現存する最古の建立物。国内でも滋賀県大津市に建つ石山寺の多宝塔に次いで2番目に古いとのこと。塔の内部には須弥壇があり、快慶作と伝わる五智如来像が安置されています。如来像は秘仏として公開はされていません。檜皮葺の屋根、白壁に建立当時の朱色がわずかに残る優しい外観の多宝塔です。

そのほか境内には経蔵、本坊、庫裏、四所明神社などの重要文化財に指定された建築物が建ち並び、初夏になるとシャクナゲの群生が鮮やかな色彩を見せて咲き誇ります。

多宝塔は屋根の下に裳階と呼ばれる屋根を重ねる建築様式。外観は2階建てのようだが実際は1階建て

阿字観・写経体験プランがあり好評

DATA

住所／和歌山県伊都郡高野町高野山425

交通／山内バス千手院橋バス停より徒歩5分

拝観／7時～17時（季節により変更あり）

拝観料／500円（12月～2月末までは無料）

MAP／P.3-C3

www.kongosanmaiin.or.jp/

宿坊

①仏塔霊場第十一番　奉拝＋高野山　②梵字ウーン＋阿閦如来　④金剛三昧院　⑤参拝記念高野山開創1200年世界遺産登録金剛三昧院

①長閣奉拝＋高野山　②梵字ウン＋愛染明王　③金剛三昧院　④参拝記念高野山開創1200年世界遺産登録金剛三昧院

高野山全宿坊リスト

今回、御朱印を紹介できなかった宿坊（寺院名のあとに※を表記）も含めた全51寺のリストです。連休や夏休み、年末年始にはすぐに満室になる宿坊もあります

寺院名	寺院名よみ	電話番号
西南院※	さいなんいん	0736-56-2421
報恩院※	ほうおんいん	0736-56-2350
櫻池院※	ようちいん	0736-56-2003
宝亀院	ほうきいん	0736-56-2018
遍照尊院	へんじょうそんいん	0736-56-2434
増福院	ぞうふくいん	0736-56-2126
成就院※	じょうじゅいん	0736-56-2430
釋迦文院※	しゃかもんいん	0736-56-2639
常喜院	じょうきいん	0736-56-2321
天徳院※	てんとくいん	0736-56-2714
正智院※	しょうちいん	0736-56-2331
寶城院	ほうじょういん	0736-56-2431
西禅院	さいぜんいん	0736-56-2411
明王院	みょうおういん	0736-56-2106
龍光院※	りゅうこういん	0736-56-2105
親王院	しんのういん	0736-56-2227
総持院	そうじいん	0736-56-2111
蓮花院	れんげいん	0736-56-2017
一乗院	いちじょういん	0736-56-2214
安養院	あんにょういん	0736-56-2010
蓮華定院	れんげじょういん	0736-56-2233
西室院※	にしむろいん	0736-56-2511
南院	なんいん	0736-56-2534
光臺院	こうだいいん	0736-56-2037
龍泉院※	りゅうせんいん	0736-56-2439
福智院	ふくちいん	0736-56-2021
本覺院	ほんがくいん	0736-56-2711
無量光院	むりょうこういん	0736-56-2104
本王院	ほんのういん	0736-56-2134
普門院	ふもんいん	0736-56-2224
普賢院	ふげんいん	0736-56-2131
高室院	たかむろいん	0736-56-2005
金剛三昧院	こんごうさんまいいん	0736-56-3838
西門院	さいもんいん	0736-56-2031
大圓院※	だいえんいん	0736-56-2009
成福院※	じょうふくいん	0736-56-2109
持明院	じみょういん	0736-56-2221
三寶院	さんぼういん	0736-56-2004
不動院	ふどういん	0736-56-2414
北室院※	きたむろいん	0736-56-2059
遍照光院	へんじょうこういん	0736-56-2124
地蔵院	じぞういん	0736-56-2213
密厳院	みつごんいん	0736-56-2202
上池院	じょうちいん	0736-56-2318
大明王院	だいみょうおういん	0736-56-2521
光明院	こうみょういん	0736-56-2149
恵光院	えこういん	0736-56-2514
熊谷寺	くまがいじ	0736-56-2119
宝善院	ほうぜんいん	0736-56-2658
赤松院	せきしょういん	0736-56-2734
清浄心院	しょうじょうしんいん	0736-56-2006

※宿坊によっては宿泊業務を休止している場合があります。

※宿坊の宿泊予約・お問い合わせは高野山宿坊協会でも受け付けています。

TEL.0736-56-2616

www.shukubo.net/

宿坊コラム

宿坊体験者の口コミ

良かったことも、ちょっと辛口も
宿坊宿泊体験者の声を聞いてみて！

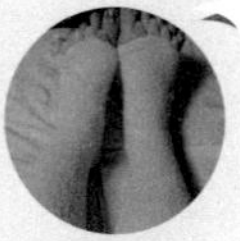

宮城県
聡子さん

春先でもしっかり防寒対策を

4月初めに宿泊したら翌日は雪。朝勤行に参加したのですが、ひざ掛けはあったものの、とても寒かったです。4月でも、使い捨てカイロは持って行った方がよいですよ。

和歌山県
めいさん

護摩行はすごい迫力です

宿坊のなかには朝の勤行で護摩をたいて祈るところがあります。護摩壇の近くに座わったら火の粉が飛んできて、ちょっと怖かった。でも、迫力は満点でした。

東京都
がおさん

宿坊以外の宿泊施設もあります

高野山にはビジネスホテルがあるんですよ。一の橋近くにある「玉川旅館」です。旅館といっても客室はベッドルームでバス・トイレ付き。デスクもあって部屋も広いです。

長野市
ばあばさん

お年寄りにはつらいかな……

バリアフリーの宿坊は少ないです。玄関にも段差があるし、2階の部屋だとエレベーターはないので階段を上ります。廊下やお風呂に手すりはついていません。

大阪市
りょうさん

御逮夜ナイトウオークに参加

毎月20日（弘法大師の月命日前夜）の奥之院ナイトウオークに参加を考えているなら奥之院に近い宿坊がおすすめ。宿坊のなかには独自に夜の奥之院参拝を企画しているところもあります。

神奈川県
あんちゃんさん

宿泊料金で料理の内容が変わる

宿泊料金って幅がありますよね。一番安いので宿泊したら、精進料理が物足りなかった。料金によって内容が違うんだって！

よく確認すればよかった（TT）

京都市
maikoさん

ホテルとは違うと思うべし

泊まった宿坊はお風呂もトイレも共有。部屋と部屋との仕切りは襖でした。ホテルとは違う宿坊らしい宿坊に泊まりたかったので、私にはおもしろかったな。

千葉県
けいこさん

荷物は預かってもらえます

宿泊日の翌日は女人道ハイキングを予定していたので荷物を預かってもらい、身軽になって歩きました。宅配便サービスもあり、不用品は自宅に配送できました。

宝来《ほうらい》

高野山では寺院や商店、一般家庭の玄関や床の間の上部に切り絵のような紙片が掛けられているのをよく見かけます。これは宝来という縁起物です。宝来は難を除き、招福に御利益があるとされ、注連縄の代わりにも飾られます。なぜ、代わりかというと、田圃のない高野山では注連縄を作る稲藁の入手が困難だったからです。起源は古く、弘法大師が唐で習得し、帰国して弟子たちに伝えたとされます。図柄は宝珠、ダルマ、鶴亀、寿、その年の干支など数種類。職人が一枚一枚、切り抜いています。そのため、同じ絵柄でも職人によって構図が異なるのです。地元の人は毎年末に翌年の干支の宝来を求め、年が明けてから前年のものと掛け替え、一年中掛けておくのが習慣になっています。

宝来には、はがき大の小さなサイズと、A3用紙程度の大きなサイズのものがあります。大サイズの宝来は奉書紙製です。はがき大の宝来は、弘法大師が製法を伝えたとされる丈夫な手すき和紙「高野紙」製で、現在はただ一軒のみが製作しているそうです。宝来は1枚５００円ほどで文房具店、みやげ物店などで販売されています。

光明院玄関の宝来

金剛峯寺の台所。
宝珠の宝来が神棚に掛けられている

奥之院への道

表参道には苔むした戦国武将の墓石が立ち
裏参道には近代的な企業の墓碑が並びます
一の橋から杉がそびえる参道を御廟まで歩きましょう

参拝者が少ない
早朝のお参りが
おすすめ

奥之院 MAP

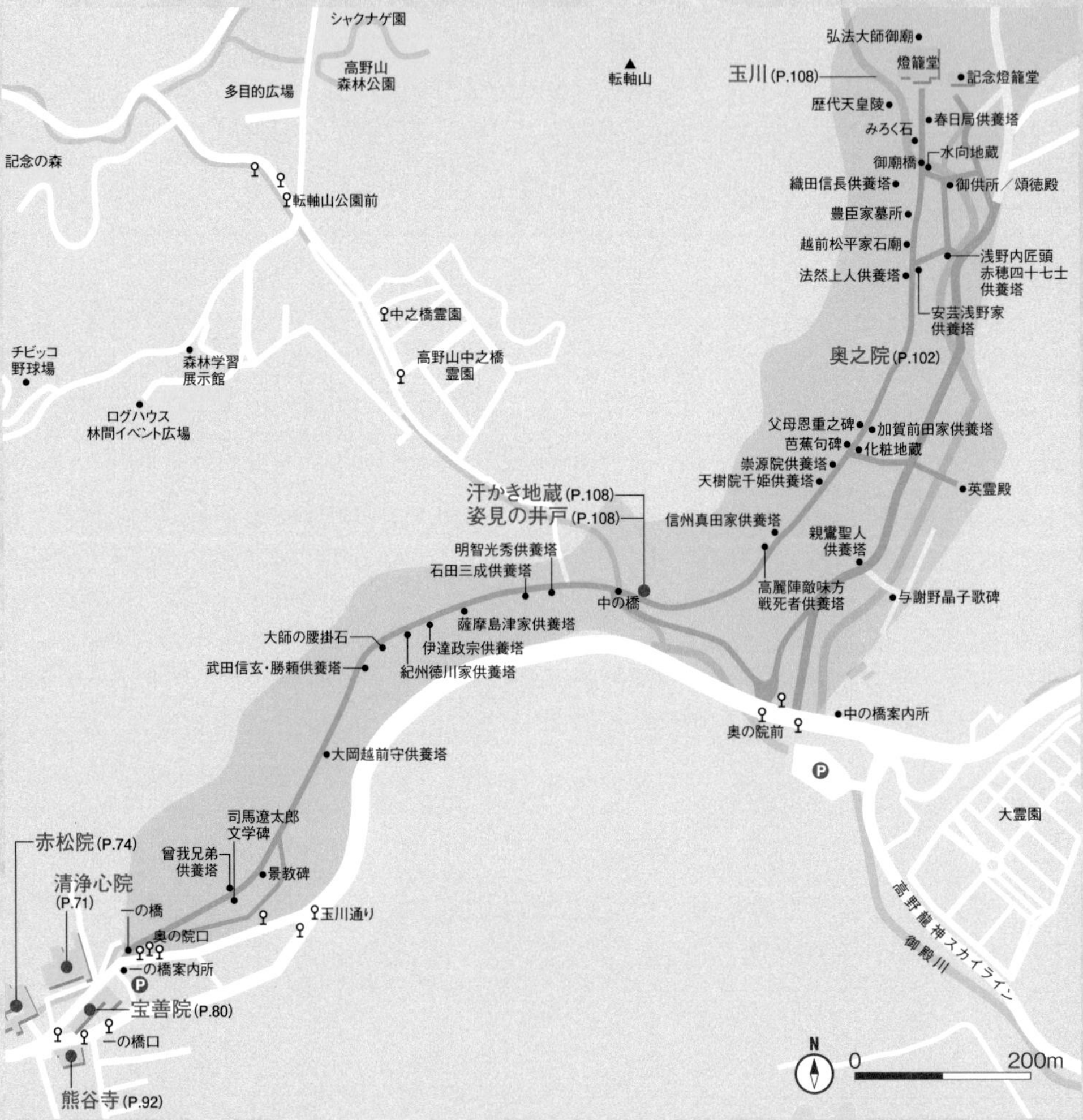

大師が入定している高野山の聖域

20万基を超える墓碑や供養塔が並ぶ奥之院。ここに茂る杉は樹齢700年ほどです。ということは高野山が開創された1200年前にはまだ巨大な杉も、もちろん墓石群もなく、現在、私たちが見るのとは全く異なる景色だったはずです。川が流れ、せせらぎの音が静けさを一層、際立たせていたに違いありません。静寂と冷涼な空気が支配するこの地を弘法大師は入定の地と決め、入定前に納涼坊、総修堂を建てていました。今も御廟で瞑想中の大師、御廟前で祈れば必ず答えてくれると言われています。

奥之院

英霊殿や参拝者が休憩できる頌徳殿もあります。毎月20日の御逮夜には夜のお参りができ、燈籠堂で法話が聞けます。

戦国武将の墓

ほとんどの墓石は五輪塔形。武将のほか、母公や奥方を供養する塔も見られます。

御廟橋

橋から先の区域は撮影禁止。聖域中の聖域に入るので衣服を正し、一礼してから橋を渡ります。

弘法大師が今も生きる聖地

奥之院【おくのいん】

御廟橋では渡る前に一礼。橋の裏には梵字が刻まれ、玉川の川面にそれが映ることも

　高野山では弘法大師は衆生を救うため、奥之院の御廟で今も瞑想を続けているとされます。ですから、大師が生きる奥之院はまさに聖域なのです。その御廟は奥之院最奥に控えます。御廟橋を渡れば正面に燈籠堂、背後が御廟です。燈籠堂には千年近く灯り続けているふたつの「消えずの火」があります。ひとつは祈親上人、もうひとつは白河上皇が奉納した燈明です。燈籠堂の地下法場は御廟で修行する大師に最も近づける場所。忘れずに参拝しましょう。

　弘法大師は承和2（835）年に入定しました。入定とは死滅ではなく瞑想に入るといった意味です。大師が書いたとされる『御遺告』では入定について自ら「三月二十一日寅剋」（3月21日午前4時頃）と予告し、そのとおりの日時に入定。同書には前年から、「深厭穀味（深く穀味を厭《いと》い＝穀類を断って）」して入定に備えていると記され、それは「久住（長く留まる）」のためとしています。そして56億7千万年後、弥勒菩薩が姿を現すまで、人々を救うと宣言しています。ですから、御朱印には弥勒菩薩を表す梵字ユが押されるのです。

　奥之院では一日2回、午前6時と10時30分、大師に食事を御供えする生身供が1000年以上も続いています。食事を作る場所は御供所です。御朱印も御供所で頂きます。

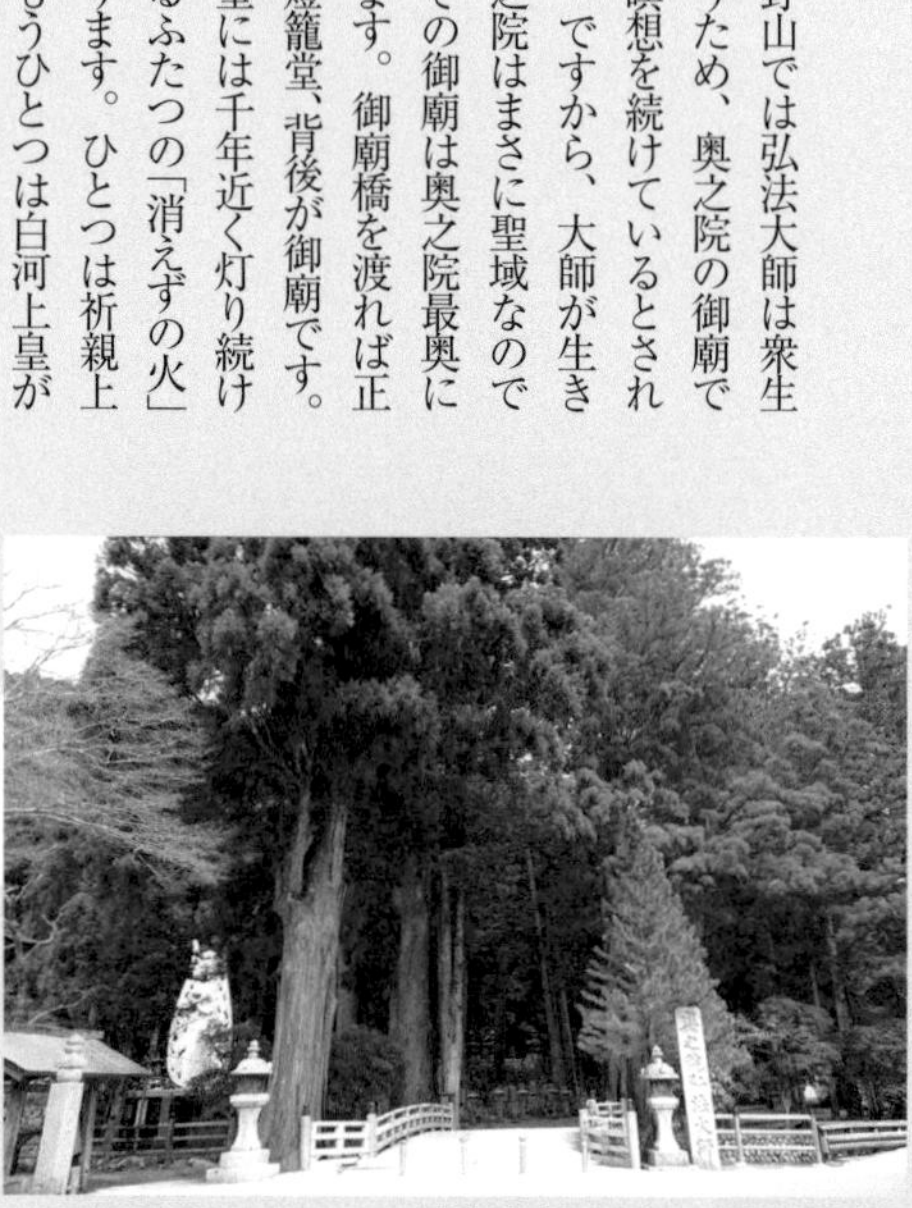

奥之院の入口には一の橋がかかる

参道には杉が茂り、なかには樹齢600年～700年もの老杉もある。御廟橋近くには供養などで奉納された観音像や地蔵尊が並ぶ

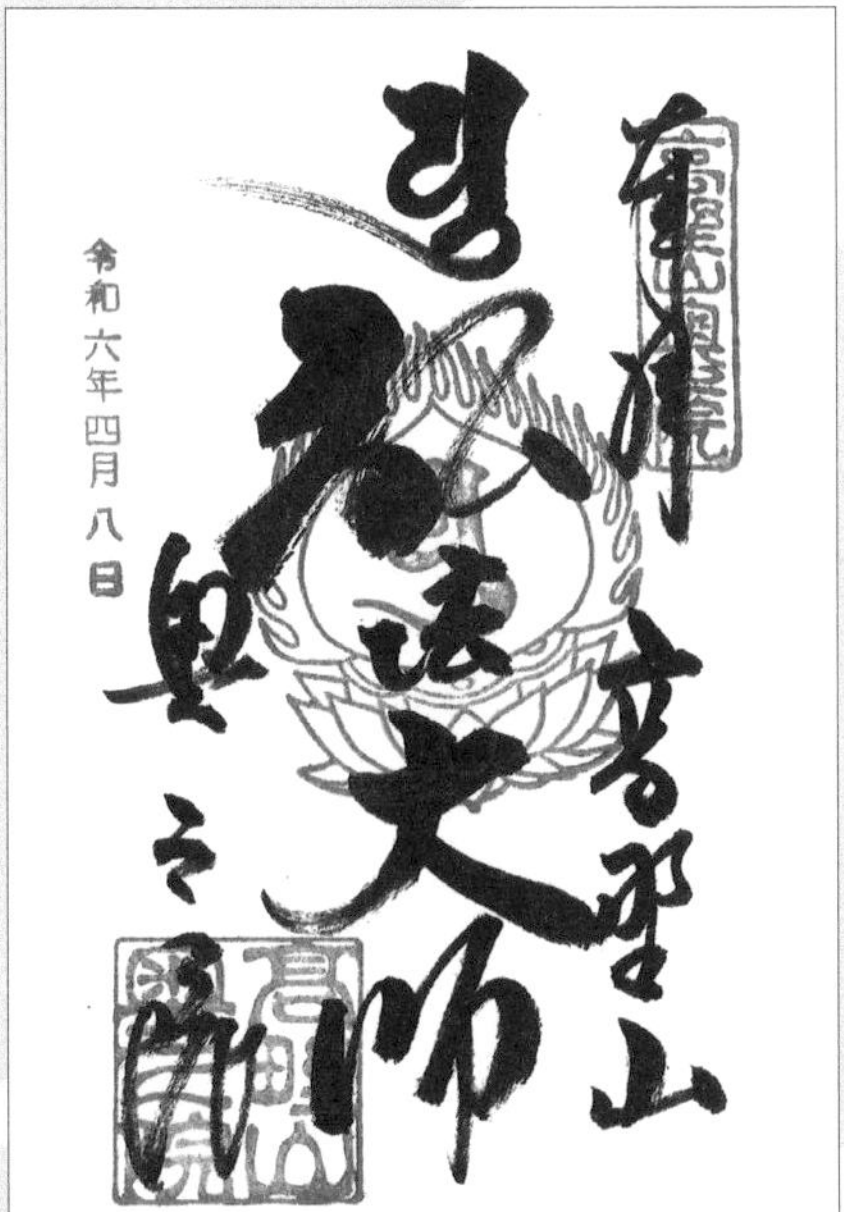

①高野山奥之院奉拝＋高野山　②梵字ユ＋弘法大師　③梵字ユの弥勒菩薩を表す印　④奥之院　⑤高野山奥之院

御廟橋手前の奥之院の御供所

DATA

住所／和歌山県伊都郡高野町高野山奥之院
交通／山内バス奥の院口バス停
拝観／燈籠堂8時30分～17時30分
　　　御供所8時～17時（11～4月は8時30分～16時30分）
拝観料／無料
MAP／P.2-F1

戦死者を祀る英霊殿は紅葉の名所でもある

奥之院 供養塔めぐり

奥之院入口の一の橋から御廟まで片道約２㎞の表参道には20万基を超えるともいわれる墓石が並んでいます。では、一の橋から参道を歩いてみましょう。

参道は真夏の快晴の日でさえ、空高くそびえる杉に日差しを遮られ、直射日光に焼かれることはありません。空気は冷ややかで、ずらりと並ぶ墓石はどれも緑の苔が鮮やかです。数取地蔵を過ぎると右手には武田信玄と息子勝頼の供養塔、左側には上杉謙信と甥景勝の霊屋があります。そ

『空海の風景』の著書もある司馬遼太郎の文学碑

石塔の由来

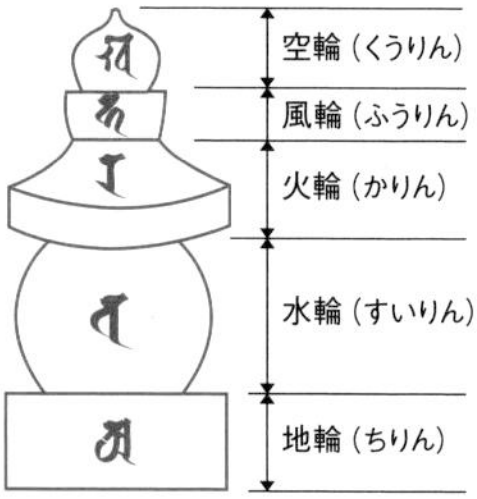

五輪塔（ごりんとう）
平安中期以降に建てられた墓石で下から地、水、火、風、空。これは仏教では宇宙の構成要素を表します。

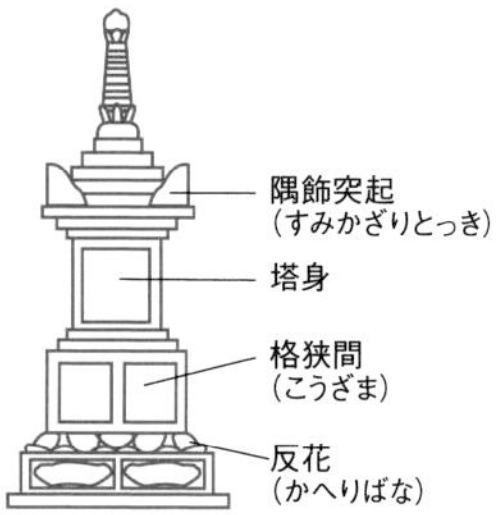

宝篋印塔（ほうきょういんとう）
鎌倉時代から造立が始まり、塔の中に「宝筐印神咒経（ほうきょういんしんじゅきょう）」を納めると浄土へ往生できると信じられました。

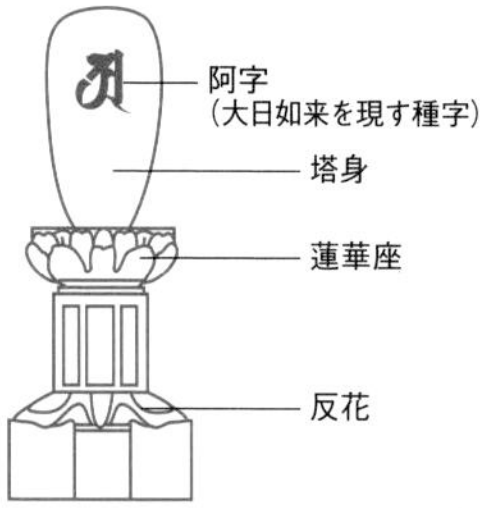

無縫塔（むほうとう）
禅僧の墓石に多くみられます。四角形か八角形の台座に卵形の塔を置きます。そこで卵塔とも呼ばれます。

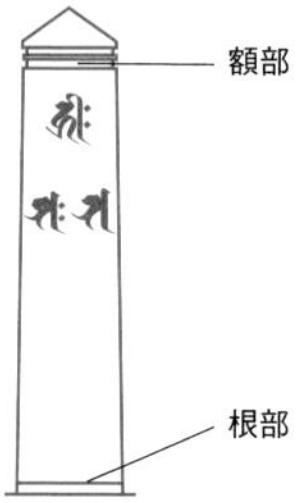

板碑（いたび）
鎌倉時代から江戸初期に盛んに建てられた供養塔。板のような石で造り、仏像、梵字等を刻みました。

武将の供養塔

伊達政宗、石田三成、明智光秀をはじめ、覇を争った戦国武将はすべてと言えるほど、敵も味方も御大師様の前ではノーサイド、同じ奥之院に眠っています。

織田信長 御廟橋の近く、橋に向かって左側の小さな石段を上ります。武将たちは少しでも御大師様の近くで眠りたいと願ったそうです。

豊臣家墓所 墓地には豊臣秀吉、母、秀吉の弟秀長の供養塔が並びます。道を隔てて近くには黒田官兵衛を祖とする筑前黒田家の墓所があります。

信州 真田家 真田幸村を輩出した真田家。中の橋を渡り、28町石を過ぎた左側に立っています。塔頭寺院の蓮華定院は真田家ゆかりの宿坊です。

の先が中の橋です。

中の橋は正式には手水橋といい、平安時代には下を流れる川で身を清めたといいます。その川は「金の河」と呼ばれるのですが、「死の川」という意味があるそうです。つまり、橋を渡るのは三途の川を越え、いよいよ死者の世界に入るということなのです。そのせいか、ここから先は一層、樹影も濃く、静けさも増すようです。緩い傾斜の覚鑁坂《かくばんざか》を行けば巨大な供養塔が左側に現れます。2代将軍徳川秀忠の奥方の供養塔で奥之院では最大の大きさ。高さは約6mもあります。あと少し歩けば御廟橋に到着です。

弘法大師のそばに眠れば必ず浄土へと導かれるとあらゆる階層の人々は信じてきました。そこで貴族も武士もこぞって墓石を奥之院に築いたのです。その思いは現在にも生き、企業や個人の墓石も数多く立てられています。

中の橋から裏参道を歩くと企業の供養塔が並ぶ。ロケットや福助、コーヒーカップ、麒麟など、その企業を象徴するモニュメントが置かれている

巡礼ひと休み

奥之院周辺

金剛峯寺や壇上伽藍から少し離れたこのエリアは静かに時間を過ごせるカフェやショップが並びます。奥之院の入口前には広い駐車場があり、ツアー客が利用するみやげ物店、席数の多い食堂が揃っています。

厄除け開運お守り

金剛峯寺の受付、壇上伽藍と奥之院の御供所で授与。700円

金剛峯寺:MAP／P.3-C3
壇上伽藍:MAP／P.3-B3
奥之院御供所:MAP／P.2-F1

観音様の御朱印帳

一の橋観光センター系列のカフェ「天風てらす」と観音画家の木綿花（ゆうか）さんのコラボによる華やかなデザインの御朱印帳。3300円。

MAP／P.2-D3

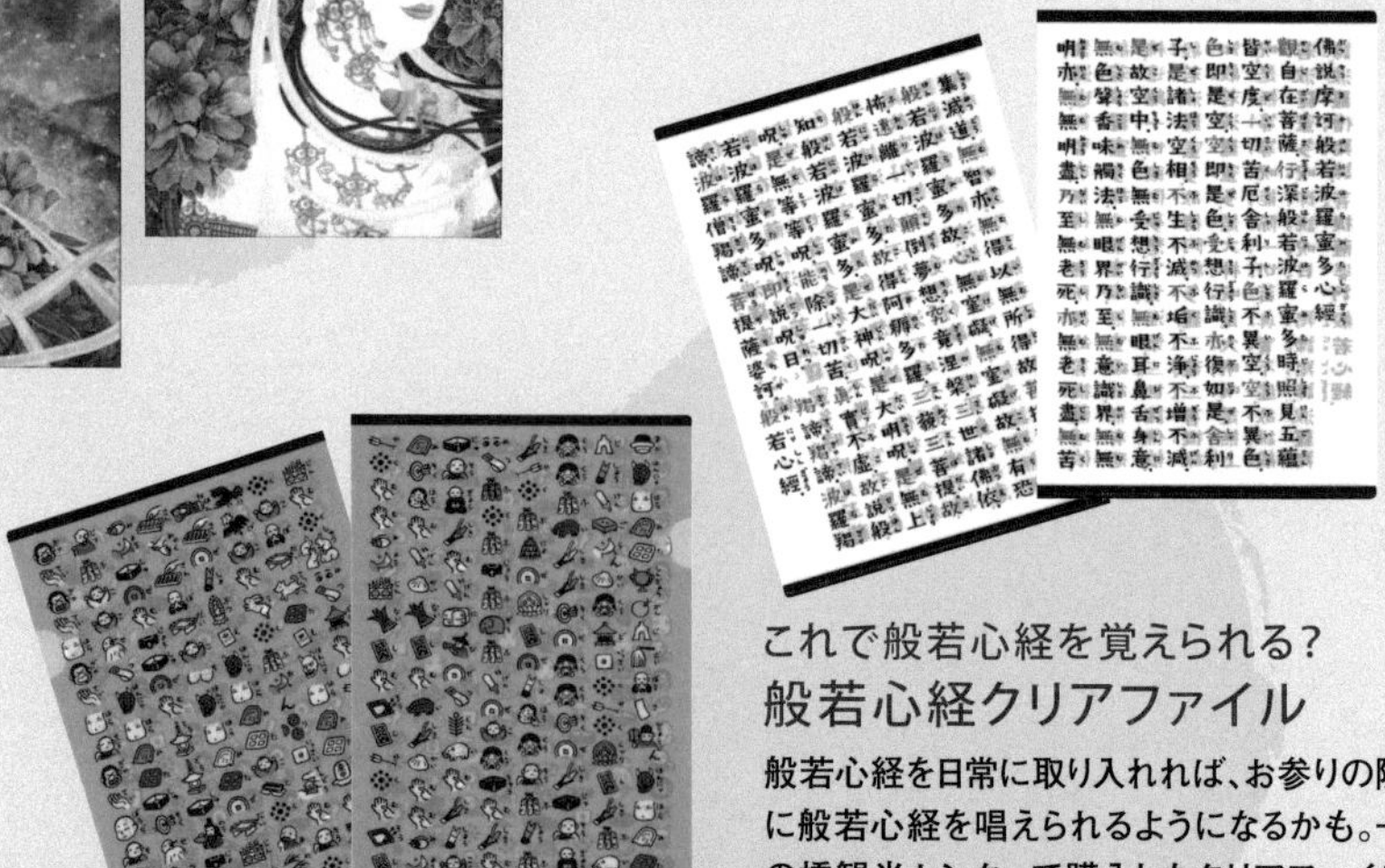

これで般若心経を覚えられる？
般若心経クリアファイル

般若心経を日常に取り入れれば、お参りの際に般若心経を唱えられるようになるかも。一の橋観光センターで購入したクリアファイルはともに360円。

MAP／P.2-D3

すてきなマフラーや
ミニ巾着がずらり

奥之院

気品あふれる〝再織〟の小物たち
織り心（おりじん）

綿100％とは思えないほど、きれいな色彩とふんわり優しい肌触りの織物が再織。幻の織物とも呼ばれる伝統織物です。古民家を再利用した店内も織物同様にあたたかな空気にあふれています。
11時～17時、金・土・日曜・祝日営業
MAP／P.3-C3

ヘルシーな
チーズケーキ！

体に優しいヘルシーなスイーツ
梵恩舎（ぼんおんしゃ）

今日のケーキ（飲み物付き550円）は手づくりのケーキがさまざま。豆腐チーズケーキはチーズ不使用なのに豆腐とバナナ、ラズベリーでまるでチーズケーキのような味わい。地元作家の陶芸作品なども展示販売。7時～17時、月・火曜休
MAP／P.3-C3

高野山の不思議スポット その弐

File 1 汗かき地蔵

中の橋の脇に小さなお堂があります。安置されているお地蔵様は表面に露が生じ、まるで汗をかいているよう。これは人々の罪業を背負い、身代わりとなって焦熱の責めを負っているためと言われています。

身代わりありがとう

File 2 姿見の井戸

姿が見えますように！

汗かき地蔵のすぐ横にあります。病を患った勅使が弘法大師の夢のお告げを受け、この井戸水を飲んだところ、快復したと伝わります。水面に自分の影を映し、影が見えないと3年以内に生命の危機があるという怖い伝説も。

File 3 玉川の魚

御廟橋の下を流れる玉川。この川で魚を釣り、焼いていた男を見た弘法大師は魚を買い取り、玉川に放しました。すると魚は生き返ったのです。今も玉川の魚の背には串を打たれた黒い斑点があるといいます。

知っておきたい「高野山」

弘法大師の生涯や高野山の歴史
真言密教の教義など、知っておくだけで
高野山めぐりがぐっと楽しくなるはずです

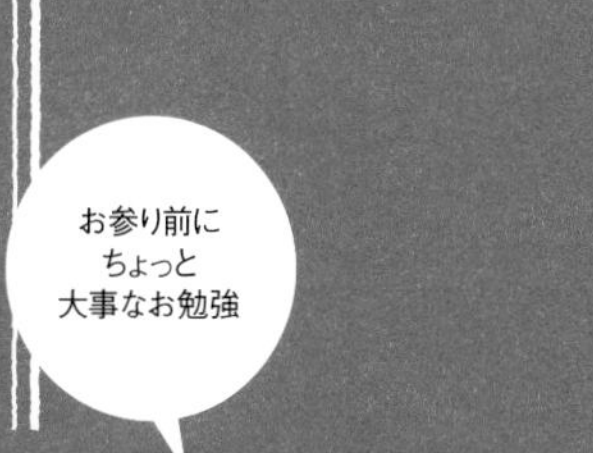

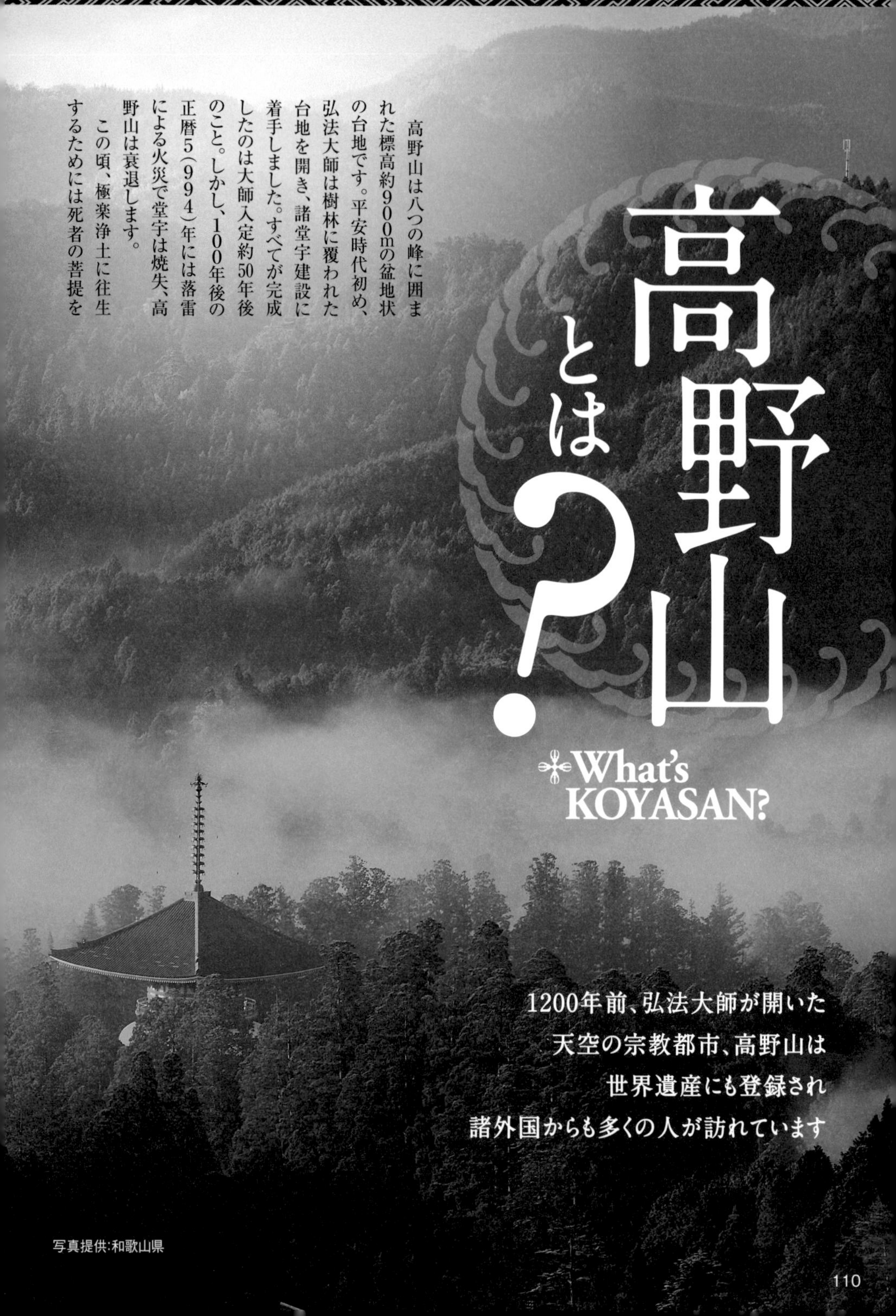

高野山とは？

What's KOYASAN?

1200年前、弘法大師が開いた
天空の宗教都市、高野山は
世界遺産にも登録され
諸外国からも多くの人が訪れています

高野山は八つの峰に囲まれた標高約９００ｍの盆地状の台地です。平安時代初め、弘法大師は樹林に覆われた台地を開き、諸堂宇建設に着手しました。すべてが完成したのは大師入定約50年後のこと。しかし、１００年後の正暦５（９９４）年には落雷による火災で堂宇は焼失、高野山は衰退します。

この頃、極楽浄土に往生するためには死者の菩提を

写真提供：和歌山県

弔い、祈りにより罪業を消滅させる必要があるという思想が広まっていきます。こうした人々の思いが高野山再興へとつながりました。弘法大師は生きて衆生救済を祈願し続けているとの伝説が伝わり、高野山は浄土となっていくのです。治安3（1023）年には時の権力者藤原道長が登拝。それに続いて貴族たちの登拝が盛んになり、高野山の堂宇再興が始まりました。平清盛は根本大塔を再建、豊臣秀吉は現在の金剛峯寺である青巌寺を建立、江戸時代には徳川家や諸大名の庇護を受け発展します。

平成27（2015）年、高野山は開創1200年を迎えました。東西6㎞、南北3㎞の山上には現在、117の寺院が点在、こども園から大学までが揃い、天空の宗教都市として世界にその名が知られるまでになっています。

高野山略年表

年号（西暦）	できごと
弘仁7（816）年	弘法大師、高野山開創の勅許を賜る
弘仁10（819）年	弘法大師、高野山上七里四方に結界を結び、伽藍建立に着手し、はじめに明神社を建立する
承和2（835）年	弘法大師、高野山奥之院にご入定
正暦5（994）年	落雷による火災で諸堂塔が焼失、以後衰退
治安3（1023）年	藤原道長が登山して再興する
康和5（1103）年	根本大塔が落慶
久安5（1149）年	根本大塔に落雷、御影堂を除き全焼
久安6（1150）年	金堂落慶
保元元（1156）年	平清盛、根本大塔再建に尽力
文永2～弘安8（1265～1285）年	高野山麓慈尊院から山上まで町石が建てられる
大永元（1521）年	伽藍諸堂、焼失する
天正9（1581）年	織田信長、高野攻め
天正18（1590）年	興山寺建立
文禄2（1593）年	豊臣秀吉、青巌寺建立
寛永7（1630）年	伽藍諸堂、焼失する
宝永2（1705）年	現在の大門が再建される
明治2（1869）年	青巌寺・興山寺を合併し金剛峯寺と改める
明治4（1871）年	高野山の寺領を国へ返す
明治5（1872）年	高野山の女人禁制が解かれる
明治24（1891）年	高野山内の子院六百数十ヵ寺を、百三十ヵ寺に統廃合
明治33（1900）年	高野山大師教会発足
明治38（1905）年	女性が高野山に住むことが公認される
昭和元（1926）年	金堂が全焼する
昭和4（1929）年	電車が極楽橋まで開通
昭和5（1930）年	ケーブルカーが開通
昭和7（1932）年	現在の金堂が落慶
昭和12（1937）年	現在の根本大塔が落慶
昭和21（1946）年	高野山真言宗が設立され、金剛峯寺を総本山とする
平成16（2004）年	ユネスコ世界遺産に「紀伊山地の霊場と参詣道」として登録
平成27（2015）年	中門を再建、高野山開創1200年記念大法会開催

弘法大師の生涯

高野山を開いた弘法大師とはどのような人でどのような生涯を送ったのでしょうか？
足跡をたどってみましょう。

What's KOBODAISHI?

空海と弘法大師は同一人物

広く知られる弘法大師という名前は、入定してから86年後に醍醐天皇より贈られた名前で、これを諡号《しごう》と言います。それまではどう呼ばれていたのでしょうか？　空海です。空海とは出家したとき、自分自身で名乗った法名です。

讃岐国で生まれ幼名は真魚

空海は宝亀5（774）年6月15日、讃岐国の屏風ヶ浦（香川県善通寺市）に生まれました。幼名を真魚《まお》といい、15歳になると儒学者であった叔父の阿刀《あとの》大足《おおたり》に従って上京。18歳で大学に入り、儒教の勉学に励みます。

明星が体に飛び込み 空海と改名

真魚はある日、仏教を知ります。貧人を救いたいと心を痛めていた真魚は仏教にその答えを見つけようと大学を辞し、山村や海岸での荒行を行います。その場が後に四国八十八カ所の札所になりました。また、室戸岬の洞窟で修行中、虚空蔵菩薩の化身である明星《みょうじょう》が体内に入るという劇的な経験をします。それを契機に名を空海と改めたといわれています。

密教を学ぶため 唐に留学

延暦23（804）年7月6日、肥前（長崎県）から出港、嵐に流されて8月10日に中国赤岸鎮に漂着、唐の都長安には陸路にて12月に入っています。青龍寺の恵果和尚《けいかかしょう》から密教のすべてを学び、2年後帰国。その後、高野山と東寺を賜り、真言宗が成立します。

高野山開創

密教の道場となる場所を探している空海の前に狩場明神（高野御子大神）が出現し、2匹の犬を遣わします。白と黒の犬たちに案内されて高野山に着いたとの伝説があります。弘仁7（816）年に嵯峨天皇から高野山を賜り、伽藍の建立に着手しました。

結跏趺坐《けっかふざ》し印を結んで入定

59歳になり、高野山で初めての万燈会《まんどうえ》を厳修。その3年後、3月21日を入定の日と定め、早くから穀物を断ち、大日如来の印を結びご入定。弟子たちの手により奥之院の霊窟に納められました。承和2（835）年のことです。

Column

弘法大師の言葉

「弘法筆を選ばず」という諺があります。弘法大師は書の達人で嵯峨天皇、橘逸勢とともに三筆と称されるほど。そこでこの諺は「名人は道具のよい悪いにかかわらず、すばらしい仕事をする」といった意味です。しかし、弘法大師は著書のなかで「能書は必ず好筆を用う」、字の上手な人は用途にあった筆を使うと言っています。とっても筆にはこだわっていたんですね。

1200年間、変わらぬ教え

真言密教とは？

What's SHINGON MIKKYO?

平安時代中期、弘法大師が
大成した教えが真言密教です
特徴である即身成仏の思想は
当時としては画期的な教えでした

人は誰もが仏になれる

密教はインドで1世紀に生まれ、中国には3、4世紀にわずかに伝わったと思われます。そのころは呪術的な色彩が濃かったのですが、8世紀、唐時代には密教の代表的な経典「大日経」や「金剛頂経」が漢語に翻訳されるようになりました。すると経典に対する探究が進み、密教は宇宙を解き明かし、鎮護国家や救済に効力を発揮する教えと理解されていきました。弘法大師が唐に留学し、日本に持ち帰った密教はその時代の教えです。

大師が帰国した9世紀、日本の仏教では悟りを開き、法力を得るには苦行を経て長い時間がかかると説かれていました。それに反し、大師は、人は誰でも悟りを得る能力があり、この身このままで仏になることができると説きます。この教えを「即身成仏」と言いますが、これは驚くべき斬新な思想だったのです。

三密加持で仏と一体になる

即身成仏は、身体を使って

印を結び、口に真言を唱え、心を瞑想状態にする、この身・口・意（しん・く・い）の三つ（三密）が揃えば、仏と行者の三密が一体になり、仏が我が身に入り、我が身が仏に入る「入我我入」の境地―つまり、行者は仏の境地にいたるという教えです。

すこし詳しく説明するなら、真言はインドのサンスクリット語で仏の言葉として徳や働きを表し、真言を唱えることは仏への帰依と信仰の表明、印は仏の功徳や誓願を表しています。瞑想の方法は阿字観で仏と一体になるために行います。

この修法で即身成仏できれば迷いや煩悩が払われ、仏の智慧が理解でき、衆生の救済も可能であるというのです。

この修法を三密加持、あるいは三密瑜伽と言います。護摩行もその修法のひとつです。

両界曼荼羅も重要な教え

真言密教では大日如来を本仏としています。大日如来は宇宙であり、生命であり、全ての根源です。ですから、菩薩や明王をはじめとする仏たちは大日如来の化身とされています。大日如来を中心にして、その化身である諸尊の働きを示したのが胎蔵界曼荼羅と金剛界曼荼羅です。

ふたつを合わせ両界曼荼羅と呼びますが、弘法大師が唐から日本に伝えたものです。胎蔵界曼荼羅は中心の大日如来が裾に降りて姿を変えてゆく様子、金剛界曼荼羅は同じ仏が時と場合によっては別の姿で出現する様子を描いています。

両界曼荼羅は単なる図ではなく真言密教の世界観を説き明かす重要な教えと言っていいでしょう。

密教法具

護摩祈祷をはじめ加持修法ではさまざまな法具が使われ、その一つひとつに意味があります。

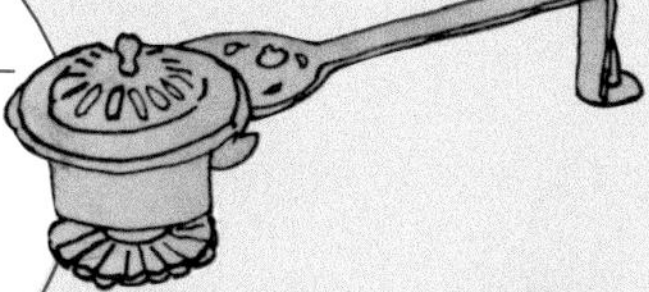

柄香炉《えごうろ》

礼拝供養で使用される柄つきの香炉。香を焚き、その香りで体を清め、邪気を遠ざける

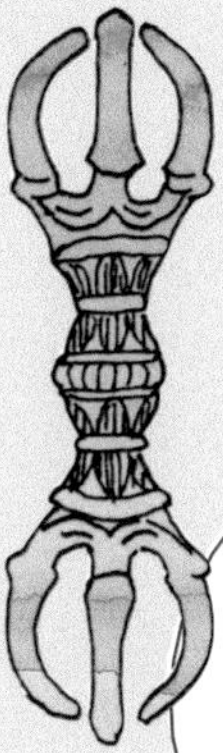

金剛杵《こんごうしょ》

古代インドの武具を象り、煩悩を砕き、魔を払う。独鈷杵、三鈷杵、五鈷杵などがある

金剛鈴《こんごうれい》

金剛杵を柄にした鈴で、澄んだ音色が神仏を喜ばせ、人々の心にある仏性を呼び覚ます

梵字講座

高野山の御朱印の多くには、中央部に梵字の印が押されています。
密教で仏尊を象徴する真言を種子といいます。
これを梵字で表した場合、種字と呼ばれます。
つまり御朱印の梵字は仏様を絵姿の代わりに字で表したものなのです。
ここでは代表的な梵字を紹介します。

読み方	表す仏（一例）	梵字	読み方	表す仏（一例）	梵字
ア	胎蔵界 大日如来		サ	聖観音	
アン	普賢菩薩		バイ	薬師如来	
アーンク	胎蔵界 大日如来		バク	釈迦如来	
カーン	不動明王		バン	金剛界 大日如来	
キリーク	阿弥陀如来 千手観音 如意輪観音		ユ	弥勒菩薩	

Column

大師教会で体験できる御授戒

お香の香りが漂う非日常空間で阿闍梨から法話を聞く

御授戒は阿闍梨《あじゃり》と呼ばれる高僧から「菩薩十善戒」と呼ばれる十ヵ条の「戒」を授かり、法話を聞く儀式です。その「戒」とは「不殺生」「不偸盗（盗んではいけない）」「不邪淫」「不妄語（嘘をついてはいけない）」「不慳貪（欲張らない）」などの10の戒めを言います。儀式は外光が差し込まない暗い授戒堂で行われます。明かりはロウソクだけ。阿闍梨に合わせ、戒を授かり、法話を聞きます。法話はそのつど内容が異なりますが、心の在り方や、ストレスや疲れを癒やしてくれる心和む内容。約30分の儀式を無事に終えると「菩薩戒牒」というお札が頂けます。

そのほかの高野山の見どころ

二大聖地のほかにも見どころはいろいろ
四季の風景や行事を訪ねて参拝するのも
歴史と自然に恵まれた高野山ならでは

お祭りや
お花を見に
訪ねたいな
いつでも
いいよ！

高野山見どころ

金剛峯寺や金堂、根本大塔のほかにも
国宝や江戸時代の建物など
見どころが点在しています

国宝不動堂

鎌倉時代に鳥羽法皇の皇女八條女院の発願により建立された。高野山に残る最も古い建築物のひとつ。

大門

高野山の総門で高さ約25mの二階二層門。左右に金剛力士像を安置。宝永2（1705）年の再建

見どころ

蛇腹路

壇上伽藍入口から東塔東側付近にまで延びる路。樹木が覆い、新緑や紅葉が見事

六角経蔵

鳥羽上皇の皇后美福門院が帝の菩提を弔うため、一切経を納め建立。昭和9（1934）年に再建

御影堂

もとは弘法大師の持仏堂。後に真如親王の直筆「弘法大師御影像」を安置。堂内は通常非公開

高野山の四季

豊かな自然に囲まれた高野山
時には厳しく、時には優しく
四季折々の移ろいを見せてくれます

冬

凍てつく寒さと静けさに包まれる

初雪が降るのは12月、うっすらと積もることもあります。1月、2月の平均気温は氷点下。年末年始を除けば観光客もぐっと少なく、奥之院は静寂の世界。積雪の翌日には根本大塔の朱色が一層まぶしく輝きます。空気も冷たく清々しい季節です。防寒対策をしっかりして参拝しましょう。

春

春の足音はゆっくりゆっくり

春のお彼岸を過ぎてからの降雪も珍しくありません。3月下旬、麓の桜が開花しても、高野山ではまだ梅の花。桜が開花するのは4月中旬以降です。日中の平均気温が10℃を超えるのは5月になってから。シャクナゲの花が咲いて、やっと暖かさを感じます。この頃になるとウグイスの声も聞こえます。

夏

緑濃い木の間に涼風が吹き抜ける

山麓に比べ5℃は低く、8月になっても30℃を超える日は数えるほど。涼しい夏が一番好きという地元の人も多くいます。奥之院を流れる玉川のせせらぎは涼しげで杉やヒノキの緑が最も鮮やかな季節です。お盆には大勢の人が訪れます。セミの声がヒグラシのものからツクツクボウシに変わると、もう秋が近いことが実感できます。

秋

イチョウやモミジの錦が伽藍を彩る

朝夕の寒暖差が大きい季節です。9月下旬、昼は半袖でも夜には薄いカーディガンが欲しくなるほど気温が下がることがあります。10月中旬には朝夕の気温が10℃以下に。その頃から紅葉が始まり、見頃は11月初旬です。壇上伽藍の蛇腹路はモミジで染まり、夕方からのライトアップでは幻想的な風景が出現します。

写真提供:高野町

高野山の年中行事

春を告げる火まつりや幻想的な萬燈会など
行事の日時に合わせて
参拝するのも高野山の楽しみ方

6月

青葉まつり

弘法大師の誕生を祝う一山あげての祭り。午後からは花御堂渡御、踊りや鼓笛のパレードを開催。前夜祭の奉燈行列（ねぶた）がにぎやか

3月

高野の火まつり

高野山の開山と霊場開きを告げる護摩供養。厄除招福を願い焚かれる護摩は10m以上もの炎が上がり迫力満点

年中行事カレンダー

月	日時	行事
1月	1日〜3日 9時	伽藍《がらん》金堂《こんどう》・奥之院《おくのいん》修正会《しゅしょうえ》
	5日 9時	大塔《だいとう》修正会《しゅしょうえ》
	17日 9時	阪神《はんしん》淡路《あわじ》物故者《ぶっこしゃ》追悼《ついとう》法会《ほうえ》
2月	3日 13時	節分会《せつぶんえ》
	14日23時から15日の昼頃にかけて	常楽会《じょうらくえ》
3月	第1日曜	高野《こうや》の火《ひ》まつり
	21日 9時	正御影供《しょうみえく》
	彼岸 中日前後3日間	彼岸会《ひがんえ》
4月	旧暦3月21日	旧正御影供《きゅうしょうみえく》
	8日 9時	仏生会《ぶっしょうえ》
	10日 9時	大曼荼羅供《だいまんだらく》
	21日 9時	奥之院《おくのいん》萬燈会《まんどうえ》
5月	3日〜5日	胎蔵界《たいぞうかい》結縁灌頂《けちえんかんじょう》
	21日 9時	墓所《ぼしょ》総供養《そうくよう》奥之院《おくのいん》大施餓鬼会《だいせがきえ》
	第2日曜日 9時	戦没者《せんぼつしゃ》慰霊《いれい》法会《ほうえ》

8月

萬燈供養会「ろうそく祭り」

一の橋から続く約2kmの奥之院参道沿いの約10万本ものローソクに火が灯される。幻想的な風景が見られる高野山、夏の風物詩

5・10月

結縁灌頂

仏様の世界を表す曼荼羅に向かって華を投じ、仏様との縁を結ぶ儀式。誰でも参加（入壇料必要、予約が望ましい）できる。5月の胎蔵界も同様

見どころ

月	日時	行事
		山王院竪精
6月	旧暦6月9日、10日	内談議《うちだんぎ》
	旧暦6月10日、11日	御最勝講《みさいしょうこう》
	15日 直前の日曜	青葉《あおば》まつり
	15日 9時	宗祖降誕会《しゅうそごうたんえ》
7月	1日 13時	准胝堂陀羅尼会《じゅんていどうだらにえ》
	15日 13時	御国忌《みごき》
8月	7日より1週間	不断経《ふだんぎょう》
	11日 11時	盂蘭盆会《うらぼんえ》
	13日 19時	萬燈供養会《まんどうくようえ》「ろうそく祭り」
9月	11日9時	傳燈国師忌《でんとうこくしき》
	彼岸 中日前後3日間	彼岸会《ひがんえ》
	23日9時	一座土砂加持法会《いちざどしゃかじほうえ》
10月	1日～3日 19時	奥之院萬燈会《おくのいんまんどうえ》
	1日～3日 8時	金剛界結縁灌頂《こんごうかいけちえんかんじょう》
	16日 12時30分	明神社秋季大祭《みょうじんしゃしゅうきたいさい》
	27日 9時	諡號奉讃会《しごうほうさんえ》

御朱印こぼれ話

御朱印を書く人

心を込めて書いています

高野山で御朱印を書いてくださるのは僧侶、職員の方々。皆さん、達筆で流れるような筆運びです。とはいえ、お話を聞くと初めて御朱印帳に書いたときには緊張したそう。お手本は先輩が書いた御朱印で、お手本の字を崩したり、丸みをつけたり、字の太さなど自分なりの工夫をしています。なかには楷書、行書、草書の書き方の字典をお手本に日々、習練、個性ある御朱印を目指している人もいます。

皆さん全員が気をつけていることは字を間違えないこと、そして墨書する本尊にふさわしい字を書くようにすること。筆は自分専用を決めている方が多いです。人により、筆のおろし方が違うので、他の人が使用している筆は書きにくいとか。

「頂いてよかったと思われるような御朱印を書くように心がけ、日々、習練しています」とは全員の言葉でした。

GOSHUIN 御朱印

What is *Goshuin*?

Goshuin is a seal stamp given to worshipers & visitors to Buddhist temple and Shinto shrine in Japan.

御 go ______Honorific syllable added at the beginning of important words.
朱 shu______Vermilion (red/orange)
印 in ______Seal stamp

Kongobuji's *GOSHUIN*

It was originally given as receipts for pilgrims who offered <SHA-KYO> (hand-written copy of a heart sutra) to temples. <Goshuin> seal stamp is believed as "blessed" as it is considered the same as the principal image of the temple. Today, you can get it without offering a sutra.

Goshuin-cho

First you need a *goshuin-cho*, a special notebook designed for *goshuin*. Some temples and shrines have their own original *goshuin-cho* available for purchase.

Collecting Goshuin...

Each temple and shrine has a different stamp and a different fine calligraphy brushes.

How to keep your Goshuin-cho

Goshuin is different from commemorative stamps that anyone can get at any tourist sites. Please treat your *Goshuin-cho* with respect as it is blessed.

Please do not put commemorative stamps on *Goshuin-cho*.
Some temples & shrines will NOT issue *Goshuin* on *Goshuin-cho* which any commemorative stamps are on.

外国人から御朱印についての質問も多く、英文の御朱印説明書がある

墨書では梵字が難しく、朱印と墨書の全体のバランスを考えて書く

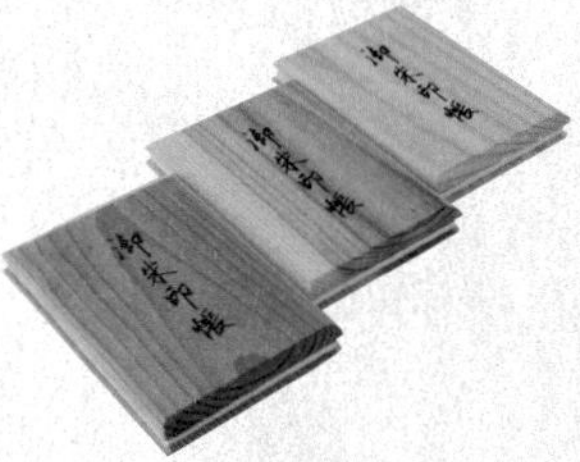

御朱印帳コレクション

■高野杉（高野山）

高野山の森から産出した杉の間伐材を表紙に使用。裏面には「高野霊木」と印が押されている。杉材なので御朱印帳により、すべて木目が異なる。2200円

■血曼荼羅（高野山）

平清盛が自分の頭の血を絵の具に混ぜて描き、高野山に奉納したと伝わる血曼荼羅が表裏の柄。血曼荼羅は霊宝館に所蔵され、特別展などで公開。1500円

■古絵図（高野山）

表裏にわたり「高野山壇上寺家絵図」という古絵図が使用されている。これは宝永3（1707）年に制作された地図で寺院と家並が描かれている。1500円

■慈尊院

弘法大師の母公ゆかりの寺院らしい淡いピンク色の御朱印帳。表紙の多宝塔は、寛永年間（1624～43）の創建で県指定の文化財。裏表紙は本堂（弥勒堂）。1200円

■丹生都比売神社

参道に架かる丹塗りの太鼓橋と本殿前の楼門が表紙。橋は淀殿寄進とされ、楼門は室町時代のもの。裏は町石道に立つ二ツ鳥居の絵柄。1500円

お寺シリーズ

御朱印でめぐる
関東の百寺
〈坂東三十三観音と古寺〉
定価1650円(税込)

御朱印でめぐる
秩父の寺社
〈三十四観音完全掲載〉改訂版
定価1650円(税込)

御朱印でめぐる
高野山
三訂版
定価1760円(税込)

御朱印でめぐる
東京のお寺
定価1650円(税込)

御朱印でめぐる
奈良の古寺
改訂版
定価1650円(税込)

御朱印でめぐる
京都のお寺
改訂版
定価1650円(税込)

御朱印でめぐる
鎌倉のお寺
〈三十三観音完全掲載〉三訂版
定価1650円(税込)

御朱印でめぐる
全国のお寺
週末開運さんぽ
定価1540円(税込)

御朱印でめぐる
茨城のお寺
定価1650円(税込)

御朱印でめぐる
東海のお寺
定価1650円(税込)

御朱印でめぐる
千葉のお寺
定価1650円(税込)

御朱印でめぐる
埼玉のお寺
定価1650円(税込)

御朱印でめぐる
神奈川のお寺
定価1650円(税込)

御朱印でめぐる
関西の百寺
〈西国三十三所と古寺〉
定価1650円(税込)

御朱印でめぐる
関西のお寺
週末開運さんぽ
定価1760円(税込)

御朱印でめぐる
東北のお寺
週末開運さんぽ
定価1650円(税込)

テーマシリーズ

寺社の凄い御朱印を
集めた本から鉄道や船の印を
まとめた1冊まで
幅広いラインアップ

御朱印でめぐる
東京の七福神
定価1540円(税込)

日本全国
この御朱印が凄い！
第弐集 都道府県網羅版
定価1650円(税込)

日本全国
この御朱印が凄い！
第壱集 増補改訂版
定価1650円(税込)

一生に一度は参りたい！
御朱印でめぐる
全国の絶景寺社図鑑
定価2497円(税込)

日本全国
日本酒でめぐる酒蔵
&ちょこっと御朱印〈西日本編〉
定価1760円(税込)

日本全国
日本酒でめぐる酒蔵
&ちょこっと御朱印〈東日本編〉
定価1760円(税込)

鉄印帳でめぐる
全国の魅力的な鉄道40
定価1650円(税込)

御船印でめぐる
全国の魅力的な船旅
定価1650円(税込)

関東版ねこの御朱印&
お守りめぐり
週末開運にゃんさんぽ
定価1760円(税込)

日本全国ねこの御朱印&
お守りめぐり
週末開運にゃんさんぽ
定価1760円(税込)

沿線シリーズ

人気の沿線の
魅力的な寺社を紹介。
エリアやテーマ別の
おすすめプランなど
内容充実

御朱印でめぐる
東急線沿線の寺社
週末開運さんぽ
定価1540円(税込)

御朱印でめぐる
中央線沿線の寺社
週末開運さんぽ
定価1540円(税込)

聖地シリーズ

山・森・水・町・島の
聖地として
お寺と神社を紹介

御朱印でめぐる
全国の聖地
週末開運さんぽ
定価1430円(税込)

御朱印でめぐる
関東の聖地
週末開運さんぽ
定価1430円(税込)

地球の歩き方　御朱印シリーズ08

御朱印でめぐる高野山 三訂版

2024年6月25日　初版第1刷発行

著作編集 ● 地球の歩き方編集室

発行人 ● 新井邦弘

編集人 ● 由良暁世

発行所 ● 株式会社地球の歩き方　〒141-8425　東京都品川区西五反田2-11-8
発売元 ● 株式会社Gakken　〒141-8416　東京都品川区西五反田2-11-8

印刷製本 ● 開成堂印刷株式会社

編集・企画 ● 馬渕徹至・山下将司・岡田裕子〔株式会社ワンダーランド https://www.wonder-land.co.jp/〕

執筆 ● 小川美千子

アート ディレクター ● 湯浅祐子〔株式会社ワンダーランド〕

デザイン ● 福地一・湯浅祐子・松永麻紀子・北原瑛美〔株式会社ワンダーランド〕、山本真比庫

マップ制作 ● 齋藤直己〔マップデザイン研究室〕

イラスト ● 湯浅祐子〔株式会社ワンダーランド〕

撮影 ● 入交佐妃・MASA

協力 ● 一般社団法人高野山宿坊協会・有限会社高野山参詣講
和歌山県・公益財団法人和歌山県観光連盟・高野町

編集・制作担当 ● 松崎恵子

●本書の内容について、ご意見・ご感想はこちらまで

〒141-8425 東京都品川区西五反田 2-11-8　株式会社地球の歩き方
・地球の歩き方サービスデスク「御朱印でめぐる高野山 三訂版」投稿係
URL ▶https://www.arukikata.co.jp/guidebook/toukou.html
・地球の歩き方ホームページ（海外・国内旅行の総合情報）
URL ▶https://www.arukikata.co.jp/
・ガイドブック『地球の歩き方』公式サイト
URL ▶https://www.arukikata.co.jp/guidebook/

※本書は基本的に2024年4月の取材データに基づいて作られています。
発行後に料金、営業時間、定休日などが変更になる場合がありますのでご了承ください。
更新・訂正情報：https://www.arukikata.co.jp/travel-support/

●この本に関する各種お問い合わせ先

・本の内容については、下記サイトのお問い合わせフォームよりお願いします。
URL ▶ https://www.arukikata.co.jp/guidebook/contact.html
・在庫については　Tel ▶ 03-6431-1250（販売部）
・不良品（落丁、乱丁）については　Tel ▶ 0570-000577
学研業務センター　〒354-0045　埼玉県入間郡三芳町上富279-1
・上記以外のお問い合わせは　Tel ▶ 0570-056-710（学研グループ総合案内）

※本書は株式会社ダイヤモンド・ビッグ社より2016年1月に初版発行したもの
（2020年9月に改訂第2版）の最新・改訂版です。

学研グループの書籍・雑誌についての新刊情報・詳細情報は、下記をご覧ください。
学研出版サイト　https://hon.gakken.jp/
地球の歩き方　御朱印シリーズ　http://www.arukikata.co.jp/goshuin/

＼感想を教えてください！／

読者プレゼント

ウェブアンケートにお答えいただいた方のなかから抽選で毎月3名の方にすてきな商品をプレゼントします！　詳しくは下記の二次元コード、またはウェブサイトをチェック。

URL https://www.arukikata.co.jp/guidebook/enq/goshuin01